Applications of Adlerian Psychology in Helping Adolescents and
Young Adults
How to Encourage Young People

思春期・青年期支援のための
アドラー心理学入門
どうすれば若者に勇気を与えられるのか

深沢孝之 [編著]

アルテ

はじめに

　本書は、思春期・青年期の人たちへのアドラー心理学を軸にした支援を報告・考察したものである。

　岸見一郎・古賀史健の『嫌われる勇気』（ダイヤモンド社）に始まるアドラーブームにより、今やアドラー心理学の名は世間にかなり浸透したといえる。一般の人どころか心理学者、心理臨床家の間にもその名がほとんど知られていなかった数年前までと比べると、隔世の感がある。その点でも同書の貢献は大である。

　アドラー心理学は一見わかりやすく、その実践範囲は子育てや家庭生活から、学校教育、ビジネスや産業分野の人材育成など多岐にわたっている。しかしアドラー心理学の普及が進む一方で、「考え方はわかった、だが実際にどう使ったらいいのかわからない」「果たしてカウンセリングなどの臨床で使えるのか」といった実際的な疑問の声を、さまざまな機会、媒体で聞くことがある。

　それでも現在、心理臨床や医療、看護、福祉、司法などの対人援助の分野で、数は多くはないが地道に活動しているアドレリアン（アドラー心理学の実践者、研究者）も増えてきているのも確かである。本書はそのような仲間になってくれた人たちや、最近アドラー心理学に関心を持ち始めた人たち、そして既に心理臨床など対人援助にかかわっている人たちや現在学んでいる人たちに向けて、私たちの具体的な実践の内容を紹介することで、アドラー心理学の理解と普及をさらに進めることをねらいとしている。

　拙共著『アドラー臨床心理学入門』、拙編著『アドラー心理学によるスクールカウンセリング入門』（いずれもアルテ）、『臨床アドラー心理学のすすめ』（遠見書房）は、その思いを仲間と共有して著わ

したものであった。今回はスクールカウンセリングからやや進めて、10代から20代の若者へのカウンセリングなどの心理的支援を主なテーマとした。場合によっては、もう少し上の年齢の人も入っているかもしれない。いわゆる青年期である。

人生で最も迷いと悩みが多く、希望を抱いたり挫折を経験したり、短い間にたくさんの複雑な心情を抱く機会のある青年期は、心理的支援の難しい時期でもある。そのためこれまでも心理学や教育学、社会学、あるいは文学や哲学などで膨大な実践や研究が積み重ねられてきた。その中においても我が国では、「劣等感」などの一部の概念を除いてアドラー心理学が注目されることは少なかったといえる。知っている専門家が極めて少なかったからである。しかし、劣等感や目的論、共同体感覚、勇気づけなどの理論や方法は若者に対してとてもフィットするものであり、それらに基づいた治療や支援は有効で有意義であることを私たちは実感している。

本書では中学や高校のスクールカウンセラー、大学や短大・専門学校の教員、医療や民間相談機関のカウンセラーが各現場での実践を報告し、考察を試みている。思春期と呼ばれる時期から青年期後期まで、できるだけ若者支援にかかわる現場を網羅するように努めた。

また、現場だけでなく執筆者の個性、表現スタイルも多様である。アドラー心理学の取り入れ方や、応用の仕方にもいくらか違いがあるはずである。読者にはややまとまりがないと感じられるかもしれないが、それぞれの実践者にとって切実なテーマを、アドラー心理学を使ってどのようにアプローチしたかを率直に伝えることを試みたつもりである。

先ずはアドラー心理学による臨床実践の考え方、そして多様性や楽しさも感じ取っていただけると幸いである。

深沢　孝之

目　次

はじめに　3

第1章　アドラーは思春期をどう捉えて、その支援を行ったのか　そして今私たちはどう支援するのか

はじめに　11

アドラーは思春期をどう捉えていたのか　12

アドラーは思春期の行動の「目的」をどう考えていたのか　15

「勇気づけ」について、あらためて考える　17

アドラーは「勇気」をどう考えていたのか　18

アドラーは思春期・青年期の支援をどう行ったのか　20

現代の思春期・青年期の支援を行っていくアドラー心理学的アプローチとは　22

まとめとして　アドラー心理学による思春期・青年期の支援のキーワード　23

第2章　アドラー心理学的観点から中学生を援助する

中学生の特徴　26

思春期・青年期の現代における科学的な知見　28

アドラー心理学における中学生への対応法　31

まとめ　43

第3章　アドラー心理学と若者支援の実際
──「勇気」と「甘え」と「愛」

勇気づける　49

涙　49

やり取り　50

本当の悩み　51

家族　53

愛　56

退行と転移と甘え　59

最後に　67

第4章　学生相談に生かすアドラー心理学

はじめに　69

大学生期のライフタスク　69

アドラー心理学と学生相談　77

おわりに　94

第5章　専門学校のスクールカウンセリングにおけるアドラー心理学の活用

専門学校とは　98

カウンセリングに来る生徒の様子　98

支援の方向性の考え方　104

カウンセリングの一場面　106

最後に　113

第6章　大学生への支援報告　カウンセラーのスタンスを考える──自分自身の変容と距離感を保った共感的態度

はじめに　115

カウンセラー、指導者の視点を考える　116

学生からみえるもの　117

アドラー心理学を学生支援に繋げる　121

実践例（対応について）　124

授業における学生の観察とそこでできる支援について　131

臨床としての教育現場とアドラー心理学　133

まとめ　135

第7章　病院臨床における思春期

クリニックにおける思春期・青年期　138

思春期・青年期のリスクと共同体　142

思春期のダイナミズム　145

思春期を応援する　148

思春期の意味づけ　158

第8章　青年期後期の人たちへのアドラー心理学的アプローチ

青年期は終わるのか　163

青年期後期の臨床的課題　164

青年期後期のアドラー心理学的支援の要点　168

最後に　179

おわりに　183

思春期・青年期支援のための
アドラー心理学入門

第1章 アドラーは思春期をどう捉えて、
その支援を行ったのか
そして今私たちはどう支援するのか

八巻　秀

はじめに

　精神分析学のフロイト Freud, S. や分析心理学のユング Jung, C.G. が唱えた心理学の理論と、アドラー Adler, A. の個人心理学（以下、アドラー心理学と記す）の理論との違いについては、これまでも多く語られてきているが、それらの理論から、どのような人々や現場が影響を受けたのかという点を比べてみても、その根本的な違いは明らかである。

　フロイトやユングの考え方は、主として大人のパーソナリティ等の心理的問題やその治療に影響を与えているのに対して、アドラーの考え方は、大人の心理的治療に留まらず、子どもの心理的問題や治療、そして子育てや学校における子どもの教育に対しても影響を与え、多くの実践と業績を残してきた。

　またアドラーは、親と教師を含む多くの非専門家の聴衆に対しても、講演や自らが創設した児童相談所での講義などにおいて、臨床心理学についての知識を伝えた先駆者であった。第一次世界大戦後には、アドラーの考えは、ヨーロッパやアメリカにおいて、教育、医学、心理学、ソーシャルワークを含む幅広い分野における子どもたちの精神的な健康のための革新的な考え方として、知られるようになったのである（Hoffman, 1994）。

　本稿では、このように子どもたちの精神的な健康について考えて

きたアドラーの、特に思春期に対する考え方や、その援助・支援の
あり方について描きながら、現代の思春期の子どもたちへの援助・
支援はどうあるべきかについて、書いてみたい。

アドラーは思春期をどう捉えていたのか

　まず、アドラーが、「思春期という時期」について、どのように捉
えていたかを確認する。
　「思春期とは何か？」という問いに対して、アドラー（1931）は以
下のように答えている。

　　思春期は、成長する子どもに、新しい状況と新しい試験を突き
　つける。子どもは人生の前線に近づいている、と感じる。思春期
　には、それまでの人生に見られなかった**誤り**が現れるかもしれな
　いが、訓練された目には常にそれらを見つけられていたであろう。
　思春期になると、その〔隠されていた〕**誤り**が不気味に立ちはだ
　かり、もはや見逃されることはない。〔**強調**は筆者によるもの〕

　このようにアドラーは、思春期という時期を、単に「性格が変わっ
ていく（例えば、反抗的になる）」時期としてではなく、「それまで
の人生に見られなかった誤り Mistakes in his style of life（あるいは、
ライフスタイルの誤り）が現れる」時期と捉えている。
　人間の精神の構造（かたち）ではなく、機能（はたらき）に注目
するアドラー心理学では、人生というものに対しても、その運動
あるいは流れを見ていくのが特徴であり、このような「個人の人生
を貫く独特の運動法則」を、アドラー心理学では「ライフスタイル
style of life」と呼んでいる。この「ライフスタイル」にそれまで隠

れるようにあった「誤り Mistakes」が、子どもの言動を通して、はっきりと現れてくる時期が思春期だと、アドラーは考えたのである。

思春期に現れるというこの「誤り」について、アドラー心理学では、これまでどのように説明してきているのだろうか。

アドラー心理学において、その人の個人的な認知の仕方である私的論理 private logic から生じる帰結と、社会生活の常識とが合致しないような誤った帰結をすることを、「基本的誤り Basic Mistakes」と呼び、次の代表的な5つのカテゴリーをあげている（Manaster & Corsini, 1982：鈴木・八巻・深沢，2015）。

(1) 過度の一般化

例えば、「すべての人が私を賞賛すべきである」「みんな自分を嫌っている」など、自分のわずかな経験から「すべてそうだ。そうに違いない」と拡張して思い込んでしまうこと。

(2) まちがった、あるいは不可能な「安全さ」の目標

例えば、「みんな私の敵だ」「私にはそんなことはできない、無理だ」など、世界を自分にとって敵対的な場であると見なして、不安から解放されることは決してないと信じていること。

(3) 人生および人生の要求についての誤った認識

例えば、「人生なんて苦しみしかない」「親が私に期待しすぎているのが私の不幸の原因だ」など、世界や他者に対して、過剰な決めつけを行うこと。

(4) 自分の価値の否定ないし過小評価

例えば、「私は決して成功できない」「自分は人を愛する資格なんてない」など、自分に対しての敗北宣言のような、やはり過剰な決めつけを行うこと。

(5) 誤った価値（観）

例えば、「みんなが自分の敵だと考えよ」「出世するためには他人を押しのけ、潰していかなければならない」など、自滅的、破壊的な視点で、ものごとを見ようとすること。

　思春期の子どもたちには、このような5つのカテゴリーに代表されるような「基本的誤り」が、「ライフスタイルの誤り」として強く現れていると考えられる。おそらく青年期の問題もその延長線にあると考えられるだろう。

　思春期・青年期の問題にだけとは限らないが、アドラー派のカウンセリングが行われる際は、非建設的・無益な行動につながっているこのような「基本的誤り」を発見し、それらを訂正する過程になるのだと言える。

　アドラー（1929）は、「ライフスタイルの誤り」を見つけるための最も重要な問いは、「いつから問題があるのか？」であると述べている。「ライフスタイルの誤り」は、大抵、子どもが過去において、今いる現在へと正しく準備できていない時から生じているからである。それらを見つけ、正しい方向に教育することによって、思春期の子どもが示すその「誤り」を修正していけば良い、とアドラーは教育的 pedagogic にカウンセリングを行うことが、思春期の子どもたちには必要であると考えたのである。

　このようなアドラーの発想は、どのような局面を捉えるとしても、それを単なる「解釈」ではなく、「どうすれば、より良くなるのか？幸せになるのか？」という「解決」「成長」につながるような、臨床的・教育的視点を忘れていないのが特徴であろう。

　では、このような思春期に強く現れる「基本的誤り」は、どうしてこの時期に起こってくるのか、アドラー心理学でいうところのその「目的」は何であるのかについて、次に述べてみたい。

第 1 章　アドラーは思春期をどう捉えて、その支援を行ったのか

アドラーは思春期の行動の「目的」をどう考えていたのか

　アドラー（1931）は、思春期の心理について、「思春期は、ほとんどすべての若者にとって、他の何にもまして、1つのことを意味する。もはや子どもではないことを証明しなければならない、ということである」と述べて、「自分がもう大人であることを周りに示したい」という（おそらく無意識的な）「目的」による心理が芽生えてくるのが思春期だ、としている。そして、その「大人になった」ということに対して、子ども自身がどのような意味を与えるかによって、その後の子どもの行動が変わってくるのである。

　例えば、大人になることが「制約が自由になる」と子どもが意味づけするならば、あらゆる制限に対して、自ら自由を獲得するために闘おうとするだろう。その闘う行動の具体的な例としては、タバコを吸ったり、暴言を吐いたり、門限など無視して夜の街をうろつく、親に反抗する、などということがあげられるが、そのような行動をし始めるのも、その子どもが「制約への自由」をまわりに対して示そうとしているのかもしれない。

　思春期の子どもの行動は、「大人になること」の本人なりの意味づけを通して、「自分が大人になったことを周りに示す」という「目的」を持った行動なのだ、とアドラー心理学では考えるのである。

　その意味づけの仕方が、社会あるいは共同体にとって、建設的・有益な方向に向かうか、非建設的・無益な方向に向かうのか、どちらであるかが問題になってくるのであり、その方向次第で、思春期の子どもの行動が、非建設的・破壊的な事例性を高めてしまうかどうかが決まってくる、とも言えるだろう。

　ちなみに、アドラー派は、有益 Useful とか無益 Useless という言

15

葉を、「正」と「誤」、「善」と「悪」よりも、広い意味で用いていて、ある行動が有益であるかどうかを確認するために2つの問いを立てている（Manaster & Corsini, 1982）。それは、

（a）意図された目的を達成するのに成功するかどうか。

（b）その目的そのものが価値あるものであるかどうか。

これらの問いのいずれに対しても、Yes と答えられるのであるなら、それは有益な行動であると判断できるのである。

また、有益か無益か、そのどちらの行動に、子どもたちが向かってしまうのかを決める根本的な要因は、それまでの子どものライフスタイルの形成において、「共同体感覚」を健全に発達させられてきたかどうかであると、アドラー（1931）は述べている。

よって、思春期の子どもたちに対して行う支援の基本は、その「子どもの共同体感覚の健全な発達と育成を継続していくために、今何が必要であるか」ということを考え、実行していくことになる。アドラー（1930）は「われわれの人生には、共同体感覚の発達を要求しないような問題は、1つもない」と述べており、さらに「われわれの課題は、われわれ自身とわれわれの子どもたちを、社会の発展の道具となるように発達させることである」とも述べている。

あらためて、ライフスタイルの誤りが、無益な行動につながってしまっている思春期の子どもたちの支援ということを考えると、その目標になるのは、最終的にはその子どもの「共同体感覚の発達」ということに尽きるのであろう。そして、その目標に向かう大きな鍵を握っているのが、援助・支援者が子ども（あるいはまわりの大人）を「勇気づける encourage」ことが重要になってくるのである。

では、次にアドラー心理学による子どもたちの支援において重要な概念である「勇気」「勇気づける」ことについて、アドラーの考えも含めて、整理してみよう。

第1章　アドラーは思春期をどう捉えて、その支援を行ったのか

「勇気づけ」について、あらためて考える

「勇気 Courage」は、アドラーもよく唱えたアドラー心理学における中心的なアイディアの1つであるが、日本では、アドラー心理学が「勇気づけの心理学」と呼ばれているように、「勇気づけ encouragement」の概念が、アドラー心理学の代名詞的な扱いを受けている。

しかし、アドラー自身は、「勇気」や「勇気づける」という言葉は、よく使っていたが、「勇気づけ」という言葉は、あまり使用しなかったと言われている。アドラーの高弟であるドライカース Dreikurs, M.D.（1964）が「植物に水が必要なように、子どもは絶えず勇気づけを求めています。勇気づけがなくては、成長することも、所属感を持つこともできません」と述べているように、「勇気づけ」という言葉を多用し始めたのは、ドライカースであったと言われている。

この「勇気づけ」について、野田（2015）は以下のように指摘している。

　勇気づけ（encouragement）というのは誤解されている概念で、「だれそれになになにするように勇気づける」（encourage somebody to do）という文脈で用いられるのだが、この「なになに」というのに「共同体に貢献する」ような行為が入る。たとえば、「勉強するように勇気づける」とか「自分で朝起きするように勇気づける」とかいう風に使うのだが、「勉強」だの「朝起き」だのを「共同体への貢献」と結びつけて考える。こういう文脈を離れて、日本語で「勇気づける」というと、まるで「気分をよくする」というような感じになってしまうが、この言葉には本来そういう意味

はない。

　このように「勇気づけ」という言葉は、相手の「気分を良くする」レベルの「励まし」や「褒める」という言葉と、混同されやすい傾向にあると思える。思春期の子どもたちに対して、ただ励ます・褒めるだけでは、ままならないことは、思春期の子どもに関わる者であるならば、当然のことであろう。おそらく、子どもたちは、大人からの励ましや褒めることの行為の裏側に見える「操作」や「評価」という意味や意図をしっかりと見破っていて、「その手には乗らないぞ」と思っているのであろう。「操作」や「評価」は、自然と、「操作する／される」「評価する／される」というタテの関係になってしまっているのである。

　筆者も「勇気づけ」という言葉が醸し出す、二者関係における操作性の感覚、無意識的なタテ関係があることに、ずっと違和感を持ち続けていた。そこで、ある論文では「勇気づけ」を単なるスキル（技術）レベルにとどまらない、理論的・思想的レベルも含めて「勇気づけ」を行うことを、「勇気づけのスタンス」（鈴木・八巻・深沢, 2015）と名付けるという提案をしてみたりもした。

アドラーは「勇気」をどう考えていたのか

　ここで、あらためてアドラーが「勇気づけ」ではなく、「勇気」や「勇気づける」という言葉の方を多用した意図や意義について考えてみる。

　アドラー（1930）は、「われわれが勇気と呼んでいるものは、人が自分のうちに持っており、自分を全体の道具であると感じさせるリズムである」と「勇気」について、「自分を全体の道具である」とい

う「共同体感覚」との関連で、その人の中に内在するリズムとして述べている。アドラーにとって、「共同体感覚」と「勇気」は、完全に1つに結びついていて、「勇気」は人の中に内在するものなのである。

　また、現代アドラー心理学の教科書を書いたマナスター Manaster, G とコルシーニ Corsini, R.J. は、「勇気」について、それは人生の動きを有益な方向へ向かわせるその人の内面を叙述したものであり、本質的に2つの要因から成り立っていると説明している。それは、「活動（目標に向かう運動の率）」と「共同体感覚」の2つであり、それゆえ勇気ある人とは、他者に関心があって大いに活動的な人、あるいは、他者に属しているという感情によって達成しようと、喜んで活動する心構えがある人が、「勇気」のある人であると述べている（Manaster & Corsini, 1982）。

　つまり、アドラー心理学が定義する「勇気」とは、「困難を克服する活力」という定義（岩井, 2011）だけにとどまらず、「共同体感覚を持ちつつ、それを行為に移す力」という意味をも強く含んでいると考えたほうが良いであろう。さらに、「勇気づける」の意味も、「相手が共同体感覚をもつように、さらにそれを実践していく力を持つように、援助する」ことを意味する行為であるということになるだろう。

　向後（2015）は「勇気づけに魔法の言葉がけはない」として、言葉の意味は自分と相手との関係性という文脈の中で決まるのであるから、どんな言葉を使おうと、自分と相手とがタテ関係になっていると、相手を勇気づけることはできないと述べている。勇気づけの基本言葉として、「ありがとう」「うれしい」「たすかる」という3つの言葉が有名であるが、これらの言葉を使ったとしても、タテ関係の文脈で使用していたら、まったく相手を勇気づけることにならな

いのである。

　おそらく、アドラーが「勇気づけ」という言葉をあまり使わなかったのは、「勇気づけ」という名詞では、そこに硬直したタテ関係における行為を描いてしまうニュアンスになってしまうことを、何かしら感じていたからではないだろうか。名詞形の「勇気づけ」を行うのではなく、「勇気づける」という動詞を選ぶことによって、そこに「仲間同士である」ヨコ関係の中での行為・活動であることを描くことができると考えていたのかもしれない。

　思春期において、前述の「ライフスタイルの誤り」によって、非建設的・無益な行動をしてしまっている子どもたちは、人として本来あるべき「勇気」が、それまでの人生の中で、何らかの形でくじかれてきてしまっている。もしかすると、それを取り戻そうとする「目的」で、必死に「大人としての自分を示そうとしている」のかもしれない。

　だからこそ、そのような子どもたちを支援するとは、その子どもたちとヨコの関係を作っていこうとすること、つまり、子どもたちを「信頼」し、「仲間」になっていこうとすること、それが思春期の子どもと支援者のお互いの共同体感覚を育み（共同体感覚の相互育成）、子どもたちが有益な行為をしていけるよう援助できるのではないだろうか。これが本来の「勇気づける」ことであり、思春期・青年期の支援を行う者にとって、必要不可欠な、やはり「スタンス」なのだろうと考えられる。

アドラーは思春期・青年期の支援をどう行ったのか

　前述したように、アドラーは、カウンセリングや心理療法を、治療よりも教育だと考えていたので、アドラーやドライカースの時代

第1章 アドラーは思春期をどう捉えて、その支援を行ったのか

のアドラー心理学（第1〜第2世代）では、主に教育的なカウンセリングが行われていた。

アドラー自らが、児童相談所などで行った「公開カウンセリング」の逐語記録がいくつか残されている（Adler & Wolf, 1930）が、そこでは大人や子どものケースに対して、聴衆に向けてそのクライエントのライフスタイルなどの解説をして、その後に実際に親や子どもに公開で面接を行っている。それらを読んでみると、アドラーから親や子どもへ様々な質問しながら、親には子どものライフスタイルの理解を、子どもにはライフスタイルの誤りを修正していくように、勇気づけながらも（心理）教育を行っている。

しかしながら、残されている逐語録はすべて、アドラーを講師として、医師や教師という参加者に対して公開されている講座の中で行われたものであり、通常の診療の記録とは言えない。参加者に対して臨床教育を行っているという点で、これらの記録だけから、実際アドラーが行った臨床実践のすべてを読み取ったとは言えないだろう。

マナスターとコルシーニ（1982）は、アドラー派のカウンセリングの論理の中で「カウンセラーがその問題の性格についてかなり確信が持てるときには（それは理論と経験に由来する）、カウンセラーはクライエントが選択すべきオプションを説明し、特定の助言を与える」と、アドラー派では、助言することをためらわない、教育的にカウンセリングすることを明確に述べている。

また野田（2007）は、セラピストが自分の知識をクライエントに与える、教育的カウンセリングの条件として、

1) クライエントの物語が治療者にとって了解可能（つまり妄想的でない）。

2) 治療目標について合意ができている。

3）クライエントも治療法に合意している場合。

　以上のことが成立すれば、教育的カウンセリングが可能と述べている。これらの条件をながめてみても、残念ながら、初期のアドラー心理学で行われていた教育的カウンセリングだけでは、現代の思春期・青年期のクライエントへの支援としては、適応の範囲は狭くなってしまうのではないかと思われる。

現代の思春期・青年期の支援を行っていく
アドラー心理学的アプローチとは

　では、現代の思春期・青年期の支援を行っていく上での大切なポイントは、何であろうか。

　前述した教育的カウンセリングに対して、一方で、現代では、ポストモダン思想の影響を受けたアドレリアンの中からも、批判が出てきている。例えば、ブルーダー Bruder, K.J.（1996）は、カウンセリングは教育的ではなく、脱構築的 deconstructive であるべきであるとして、クライエントの問題を「解消する dissolve」ことを目標とするのではなく「別の文脈を見つける re-contextualize」することを目標とすべきであると述べている。そのためには、クライエント自身が自分の問題の専門家であると認め、セラピストはそれを知らない存在であるとして「無知の姿勢 Not-knowing」という態度をとるという点が、教育的とは違うクライエントの脱構築を促進するのだと述べている。

　筆者も、ポストモダン思想から生まれてきた社会構成主義によるセラピー、いわゆるナラティヴ・アプローチの手法を臨床現場で実践しているが、思春期・青年期の事例に対して臨床的に非常に有効であるという手応えを感じている。それは、セラピストの無知の姿

勢から生み出されるクライエントとセラピストとの「仲間」のような関係と、それに伴う作業によって、新しい物語を創ることが可能になるからだと考えている（高橋・八巻，2011）。

ただし、ポストモダン思想を重視した主流のナラティヴ・アプローチでは、セラピストは無知の姿勢を保ちながら、クライエントに付き添い、クライエント自身の私的物語を脱構築したり再構築したりするのを援助することのみに終始すべきで、セラピストの意見や価値観を決して押しつけてはならないとも言われている。

しかし、上述したように、アドラー心理学では思春期・青年期の支援において「共同体感覚の（相互）育成」を目指していく、つまり、アドラーが重視した継続的に「勇気づける」ことが重要であることが明らかである。

この「勇気づけること＝共同体感覚の相互育成」という考え方は、セラピストのゆるやかな価値観でもあると言えるだろう。筆者は、これをアドラー心理学における「臨床思想」と名付けて、それをセラピストが持ちながら、臨床実践をしていくことの重要性について、これまでも強調してきた（八巻，2016）。

まとめとして
アドラー心理学による思春期・青年期の支援のキーワード

これまで述べてきたように、思春期・青年期の支援では、初期のアドラー心理学のような教育的ではなく、脱構築的な社会構成主義のナラティヴ・アプローチに、「勇気づけること＝共同体感覚の相互育成」という「臨床思想」を加えた形での支援のあり方が必要であると考える。

これらの考えを整理してみると、クライエントとセラピストが、

お互いの共同体感覚を見出すような質問や会話を重ねながら、とも
に「仲間として対話」していくことが重要なのではないだろうか。
　このように、最後にたどり着いた思春期・青年期の支援としての
キーワード「仲間として対話」することは、アドラーが、アドラー
心理学を構築していった原点である、日々の診療の後のウィーンの
カフェで行った「仲間たちとの対話」を連想させる。そこからアド
ラー心理学が創造・創出されたように、思春期・青年期の支援の目
標そして作業は、仲間になり、仲間同志の対話をしながら、創造的
な作業を行っていくことを目指すことなのかもしれない。
　思春期・青年期の支援のより具体的な手法の紹介は、この本の他
の章に委ねるとして、最後にこの「仲間としての対話」というキー
ワードを提示して、本稿を閉じることとする。

【文献】

Adler, A.（1929）*Individualpsychologie in der Schule: Vorlesungen fur Lehrer
　　und Erzier,* Fischer Taschen Verlag.（岸見一郎 訳（2008）教育困難な
　　子どもたち. アルテ. p.113）

Adler, A.（1930）*Die Technik der Individualpsychologie II Die Seele des
　　schwer erziehbaren Schulkindes,* Fischer Taschenbuch Verlag.（岸見一
　　郎 訳（2012）個人心理学の技術Ⅱ. アルテ. p.14, p.23）

Adler, A. & Wolf, W.B.（1930）*The Pattern of Life, New York: cosmopolitan
　　book.*（岩井俊憲 訳（2004）アドラーのケース・セミナー：ライフ・パ
　　ターンの心理学. 一光社.）

Adler, A.（1931）*What Life Should Mean to You.* Little, Brown .（岸見一郎
　　訳（2010）人生の意味の心理学（下）. アルテ.　p.3, p.40）

Bruder, K.J.（1996）Die Erfindung der Biographie im therapeutischen

第 1 章　アドラーは思春期をどう捉えて、その支援を行ったのか

Gesprach.. *Zeitschrift fur individualsychologie*, 21 : 313-324.

Dreikurs, R. & Soltz, V.（1964）*Children: the Challenge*. Bill Berger Associates. Inc. in New York.（早川麻百合 訳（1993）勇気づけて躾ける：子どもを自立させる子育ての原理と方法．一光社．p.58.）

Hoffman, E.（1994）*The Drive for Self: Alfred Adler and the Founding of Individual Psychology*. The Martell Agency, New York.（岸見一郎 訳（2010）アドラーの生涯．金子書房．p.164）

岩井俊憲（2011）「勇気づけの心理学」金子書房，p.7.

向後千春（2014）アドラー "実践" 講義 幸せに生きる．技術評論社．p.139.

Manaster, G & Corsini, R.J.（1982）*Individual Psychology : Theory and Practice*. F.E. Peacock Publishers, Innc.（高尾利数・前田憲一 訳（1995）現代アドラー心理学（上）．春秋社．p.43, p.120, p.123, p.212.）

野田俊作（2007）ポストモダン思想とアドラー心理学．アドレリアン，20（2），1-12.

野田俊作（2015）野田俊作の補正項（4 月 4 日）http://jalsha.cside8.com/diary/2015/04/04.html

鈴木義也・八巻秀・深沢孝之（2015）アドラー臨床心理学入門．アルテ．p.60, p.103.

高橋規子・八巻秀（2011）ナラティヴ，あるいはコラボレイティヴな臨床実践をめざすセラピストのために．遠見書房．p.226.

八巻秀（2016）学校臨床活動における原点としてのアドラー心理学．子どもの心と学校臨床，14, 遠見書房，p.63-68.

第2章　アドラー心理学的観点から中学生を援助する
橋口　誠志郎

中学生の特徴

　この章を始めるにあたり、まずそもそも中学校とは何かを考えてみましょう。新版教育小事典（2002）によると

　　わが国の前期中等教育機関の名称で、小学校（または特別支援学校小学部）における基礎のうえに、学齢生徒にたいして「心身の発達に応じて、義務教育として行われる普通教育を施すことを目的とする」3年制の学校。（中略）その教育の目標は、社会的活動の促進、社会形成への主体的参画をはじめ、義務教育の目標（学校法21条)を達成することであり、義務教育の完成を目指している。

というのが中学校のようです。過度の単純化を恐れずに言えば、小学校での基礎を基にして、さらなる勉学と社会性の促進を目的にしていると言えるでしょう。また、「心身の発達に応じて」とはなっているものの、そもそも小学校や中学校という区分自体が、あくまでも行政的なものであり、個々の発達という観点からすると、例えば、中学生であっても発達上は小学生段階という生徒も混在しているということになります。というわけで、中学校に入学したからといって、地位的には中学生になったとしても、発達的に中学生になるわけではないということにもなります。
　さて地位的に中学生になると、地位的な小学生の時と、どういうところが異なってくるでしょうか。まず勉強面では、内容が高度に

第2章　アドラー心理学的観点から中学生を援助する

なるという点が挙げられるでしょう。例えば、算数などが数学に代り、より抽象度が上がったりします。また量も多くなる点が挙げられます。各教科から宿題が出て、たまたま課題が重なって大変になったりもします。提出物も評価の対象のため、それをこなすのに精一杯な生徒もいたりします。さらに定期テストが加わります。中間テスト、期末テストが学期ごとに行われ、当然、通知表に反映されるわけです。

　次に社会的側面をみてみましょう。まず小学校では担任が、1限から6限まで音楽や図工などの専科を除いたほぼ全ての教科を教えることになっており、児童一人一人への日々のケアが詳細かつ頻繁になることになります。ほぼ1日中、共に過ごすことで、1日の変化も微細にキャッチできることになります。しかしながら、中学校においては、担任と言えども、国語なら国語を教えるだけとなり、小学校ほどには生徒との繋がりが強くなくなることになります。対応も担任が一人で行うのではなく、叱る教師、フォローする教師など学年で関わる形式に変化します。同級生はどうでしょう。同じ小学校から来た生徒ももちろんいますが、異なる小学校から来た生徒とも同じクラスになることになります。そういった場合は、そこで対人関係能力が試されることにもなるわけです。また部活も始まり、部活で要求される能力もさることながら、異学年の上級生や下級生との関わりも生じ、そこでも対人関係能力が必要になることになります。

　このように小学校から中学校に上がる段階で色々な変化があることがわかります。中学生はこのような変化に、それぞれ適応する努力をしていくことになるわけです。こういった環境に関する変化はアドラー心理学用語ではライフタスクといいます。ライフタスクとは向後（2014）によると

27

アドラー心理学は生きる上での課題を「ライフタスク」と呼んでいます。ライフタスク、つまり、人生の課題ということです。どんな人にもライフタスクは少なくとも三つあります。それは「仕事・交友・愛」です。

　言い換えれば、生きていく上で出会う困難という感じでしょうか。人生から受ける挑戦という面もあるかもしれません。中学生でいえば、前述したようなもので言うと、勉強が仕事のタスク、クラスメイトや部活の仲間との付き合いが交友のタスクとなります。愛のタスクは中学生では異性よりもまだ親子関係がより直接的かもしれません。とにかく小学校から中学校に上がる段階で、ライフタスクの量や質が変わるということですね。ここをまず押さえておいていただければよろしいかと思いますし、皆さんで、ここに挙げた以外のもので中学生にはどういうライフタスクがあるだろうと考えてみられると良いかもしれません。

　中学「校」については前述したわけですが、では中学「生」とはとなるとどうでしょう。中学校との関連で言えば、中学校に在籍する生徒であるということになります。しかし、以下では、そういう地位的な中学生ではなく、発達的な中学生を考えてみることにしましょう。前述したように、そもそも発達的には「中学生」という概念は存在しないことになります。あくまでも生物としてのヒトという存在があるだけとなります。言い換えれば、生物としてのヒトが先にあって、その後に「中学生」という概念が発明されていると言えます。

思春期・青年期の現代における科学的な知見

第 2 章　アドラー心理学的観点から中学生を援助する

　「中学生」という枠を取り払ってみると、そこでこの本のテーマである思春期・青年期という概念が出て来ることになります。思春期・青年期の学術的な記述を概観してみることにしましょう。思春期とは笠井（2015）によると

　　思春期（（中略）10 ～ 20 歳くらいの時期を指すものとする。（中略））は、人間ひとりひとりが社会との交流を通じて人間性を形成するために極めて重要なライフステージであるといえる。長い思春期は進化史上、人間に特徴的であり、これは大脳皮質の中で最後に前頭前野を含む大脳新皮質が成熟することと対応すると考えられている。（中略）近年の脳科学の進歩は、前頭前野の成熟や白質の髄鞘化が 25 歳くらいまで続くことを示唆している。こうしたことから、総合人間科学としての思春期学を推進するには、10 ～ 20 歳くらいを思春期、20 歳～ 25 歳くらいを青年期と呼ぶのが妥当と筆者は考えている。

では、青年期の詳しい記述はどうでしょう。溝上（2015）によると

　　青年期は、親や教師などの重要な他者の影響を受けて構築してきた児童期までの人格を、自らの価値や理想、将来の生き方などをもとに見直し、再構築していく発達期である。

とあります。笠井と溝上の指摘を踏まえると、どうやら 10 歳から 25 歳くらいまでが思春期・青年期となるようですね。
　さて、よく思春期を疾風怒涛の時代（stress and storm）と記述してある教科書を見かけます。溝上（2015）によると、元々は、アメリカのホールが説いたのだそうです。青年期が内的動揺の激しい

発達期であることを示すものだったとか。では、その辺りの根拠はどういったところにあるのでしょう。小池（2015）の記述を参考にしてみましょう。

　思春期では性ホルモンの分泌が急激に起こり、大脳辺縁系の活動が急激に活発となる。その一方で、前頭前野は徐々にしか発達しないため、大脳辺縁系－前頭前野のバランスが崩れる（Casey et al., 2010）。結果として、新奇探索行動、衝動性、情動行動が亢進する。（中略）大脳辺縁系の急激な活動は思春期が終わるとともに落ち着き安定する。それに代り、前頭前野の成熟は続き、脳形態・機能面から見ると、成人早期に完成すると考えられている。結果として、短略的な報酬刺激や損害回避行動は抑えられ、より長期的な行動（self-regulation）を取れるようになる。

つまり、ある意味で、大脳辺縁系のパワーを上手く制御できず、「疾風怒濤」になっている生徒もいると言えるということですね。ただ後ほど述べますが、この辺の議論は、アドラー心理学の基本前提である主体論や全体論との整合性がどうなるかという問題がありますが、まずは現代の科学的な「事実」として知っておくと良いでしょう。
　ところで、アドラー心理学の用語には生物学的のみならず社会的、心理的なものも含んだ個体全体の特徴を表すものにライフスタイルというものがあります。ここで言うライフスタイルとは何でしょうか。向後（2014）によると、

　アドラー心理学ではその人独自の思考や行動の傾向を「ライフスタイル」と呼びます。そして、ライフスタイルは、遺伝的要因と環境的要因の両方で決まると考えています。ですから「性格」

第2章　アドラー心理学的観点から中学生を援助する

と「人格」合わせたような概念です。ライフというのは生活や人生のことです。スタイルは文体ということです。人は生まれたときから自分で自叙伝を書いているようなもので、全ての行動や考え方にその人の独自のスタイル、文体が表れているとアドラーは考えたのです。

アドラー心理学は目的論、つまり、個体の行動には目的がある、と考えます。人もまた生物であるため、生存と繁殖という生物的な目的を持っています。ただ人の場合、他の生物と違って、自身の生存や繁殖を有利に展開するため集団を形成するようになりました。集団を形成するようになったことで、今度はその集団に所属するという目的が生じることになります。ライフスタイルは、「性格」や「人格」の形成因である、集団に所属するという目的も加味した概念と言えるかもしれません。目的もあれば手段もあるということで、ある人は、集団に所属するためには、1番でなければならないという目的を持つかもしれません。その手段は学校では成績、会社では業績だったりするかもしれません。ポイントは、学校や会社での手段は代われど、一番でなければならないという目的は代わっていないというところです。ライフスタイルの一貫性が言われますが、こういうところから言われるわけですね。

アドラー心理学における中学生への対応法

（1）アドラーは思春期をどうとらえていたか

さてここまでは、現代の思春期・青年期の知見を紹介しました。では、アドラー自身は思春期をどうとらえていたのでしょうか。アドラー（2010）はこう述べています。

思春期は、成長する子どもに、新しい状況と新しい試験を突きつける。子どもは人生の前線に近づいている、と感じる。思春期には、それまでの人生に見られなかった誤りが現れるかもしれないが、訓練された目は常にそれらを見つけられていたであろう。思春期になると、その［隠されていた］誤りが不気味に立ちはだかり、もはや見逃されることはない。

別の表現ではこうも述べています（アドラー，2010）。

　思春期の危機のすべては、人生の三つの課題を前にして訓練が十分できていないことによって引き起こされる。

仕事のタスク、交友のタスク、愛のタスクが近づいている感じになり、各タスクへの準備ができていないと、その誤りが露呈する時期ということですね。前述したように中学生になると、小学生と違って、様々な新しいタスクをこなしていく必要が生じ、その準備が出来ていないと不適応になるというわけです。また、アドラーは思春期について以下のようにも述べています（アドラー，2010）。

　思春期はほとんどすべての若者にとって、他の何にもまして一つのことを意味する。もはや子どもではないことを証明しなければならないということである。

また親の側からはこう述べています（アドラー，2010）。

　親が、まだ子どもであると証明しようとすればするほど、［子どもは］そうではないことを証明するためにますます戦うだろう。

第2章　アドラー心理学的観点から中学生を援助する

この闘いから敵対する態度が発達する。そして、その時、われわれは、典型的な「思春期の反抗」の像が与えられる。

この章は中学生編ですが、このアドラーのこの指摘は、実は中学生に限らず、小学校高学年や高校生など思春期に入った児童・生徒全般に関わるさいの大事なポイントであると思います。関わりとしては、子どもであることを証明しようとしてはいけないということですね。

(2) アドラー自身の見解を踏まえると

この書籍はアドラー心理学に基づいた思春期対応がテーマなのですが、以上のようなアドラー自身の見解を踏まえると、ポイントは大人と同等の扱いをする、という感じになると思います。私自身、小学校、中学校、高等学校でスクールカウンセラーをしてきましたが、思春期以前は、素直に言うことを聞いていた子どもも、思春期以後は、前述した第二次性徴等の影響で、中身は子どもではなくなっていっています。しかしながら、周囲の大人、特に親が、変化に合わせて対応を変えることができない場合に、子どもとの付き合いが難航することが多いような印象を持っています。ただ、では、全家庭で思春期対応に困難が生じるのかというとそうでもないというのが実際のところでしょう。おそらく思春期対応に困難が生じるのは、過干渉な育児をしてきたタイプの親が多い感じがします。過干渉な親というのは、別段、悪気があるわけではなく、子どものために良かれと思って対応しているため、なかなか違う対応を採ることができないようです。

33

（3） 現代アドラー心理学の対応

さて、では現代のアドラー心理学ではどのような対応をすること
が良いとされているのでしょうか。以下では、主にアドラー心理学
をベースにして作成された親子関係プログラムであるパセージやパ
セージプラスを参考にしながら考えてみることにしましょう。野田
（2005）はパセージには子育ての行動面の目標として、

（1） 自立する。
（2） 社会と調和して暮らせる。

と述べています。行動は信念から出てくるという前提から野田
（2005）は子育ての心理面の目標として、

（1） 私は能力がある。
（2） 人々は仲間だ。

という信念が持てるようになることが掲げられています。さらに野
田（2005）は、

　たえずこの、子育ての心理面の目標、すなわち、2つの適切な
信念を思い出してください。「この対応をしていると、子どもは『私
は能力がある』と感じるかな。『家族は私の仲間だ』と感じるかな」
と、いつも自己点検をしていただきたいのです。

と述べています。補足をしてみましょう。私は能力がある、とは専
門的には自己概念と言います。また、人々は仲間だ、とは専門的に
は他者概念と言います。もう一つは「私は〜でなければならない」、

34

第2章　アドラー心理学的観点から中学生を援助する

例えば「私は1番でなければならない」などの自己理想というのが
あります。自己理想はライフスタイル分析をする以外にはなく明ら
かにするには少々修練を要します。ただ、どのような自己理想を持っ
ていても、適切な自己概念と適切な他者概念を持っていれば良しと
する感じです。なお、私は能力があるとは、私は犯罪を犯す能力が
あるとか、私は良い大学に入る能力がある、ではなく、私は貢献す
る能力がある、ということです。逆に言えば、私は良い大学に入る
能力がある、と思っていても、私は貢献する能力がある、と思って
いなければ、私は能力がある、という信念はないということになり
ます。

　さて、では適切な信念、すなわち「私は能力がある」「人々は仲間だ」
を形成するためには、どういう対応をしたら良いのでしょうか。皆
さんを失望させるわけではありませんが、どういう対応をしたら良
いのかの答えは、「子どもに依って違う」ということになります。ど
ういう言葉がけが良いとか、どういう働きかけが良いとかいう答え
はなく、それは子どもに依って違うということになるからです。想
像していただきたいのですが、皆さんは「バカ」と言われてどう感
じるでしょうか。例えば「バカ」と言った人が、親しい人だったら
「人々は仲間だ」と感じるかもしれませんし、「バカ」と言った人が
親しくない人だったら「人々は仲間だ」と感じないかもしれません。
これを子どもとの関係に移し替えてみても、まさに同じことが言え
ることになります。

（4）協力

　中学生の子どもとの付き合いで問題となってくるのは、周囲（主
に親）の過干渉や放任となってきます。過干渉や放任はその共通項
は子どもへの無関心です。それらと対照的な概念でアドラー心理学

のキーワードとなる共同体感覚（他者への関心）があるのですが、それは後ほど論じたいと思います。前述したように中学生は変化しているのですが、周囲（主に親）は、いつまでも子どもであると感じてしまうようで、心配なのもあり、ついつい口うるさくしてしまったり、手を出してしまったりするようです。また、そういう時は競合的になっている場合も多いようです。以下、少し引用してみましょう。

　　人は助け合って暮らさなければ生きていくことができません。すなわち「協力」することが必要なのです。しかし「縦の関係」の中で他人と自分を比較する人は、相手よりも上に出ようとして「競合」的になってしまいます。競合していると協力することはできません。それよりもなによりも、本来の目標を忘れて、相手に勝つことを目標に行動してしまいます。人が何をしていても、どんな能力があっても、あるいはなくても、人間としての価値は平等だと、アドラー心理学は考えます。勝ったからといって価値が上がるわけでもなく、負けたからといって価値が下がるわけでもありません。みんなが自分の能力を出し合って協力することが大切なのです。（野田，2014）

「競合」的になっているときは「縦の関係」になっているということですね。逆に言えば、「協力」的になっているときは「横の関係」にあるといえます。また、目標の側面でいうと競合的目標（野田，2014）とは、

　　もし「この子はよくない子だ」というように、子どもの人格が不適切だと考える心があると、あなたは子どもを裁いていることにな

ります。そうして、その裁きにもとづいて仮想的目標を考え、それに向かって対処行動を行っています。このような場合の仮想的目標を「競合的目標」といいます。

　また協力的目標（野田，2014）とは、

　　「この子がしていることはよくないことだが、この子はよくない子ではない」と考えているなら、あなたは子ども自身を裁いていることにはなりません、さらに、「この子がもっと上手に問題を解決できるように手伝おう」と思っているなら、子どもを勇気づけて問題を解決しようとしています。このような場合の仮想的目標を「協力的目標」といいます。

ということになり、競合的な状態とは「勉強をしない」「友達を叩いた」などの行為ではなく「あなたはダメな人間だ」と人格を裁いている状態ということにもなります。こういったところは、人格を責めるのではなく行為を注意するとされるテクニック的なところにも出てくるところでもありますね。

（5）良い人間関係

　少し前に、子どもの対応に正解はない、「バカ」という言葉の意味合いも関係性で異なってくるという話をしました。ここでは、その意味合いを左右する良い人間関係の土台としてアドラー心理学はどう考えているのかという話をしたいと思います。良い人間関係には4つの特徴があるとされています。以下、引用してみましょう（野田，2014）。

(1) 相互尊敬
(2) 相互信頼
(3) 協力
(4) 目標の一致

です。まず（1）の中にある尊敬ですが、なかなか子ども（ここでは中学生ですが）を尊敬できないという方もいるかもしれません。そこで私なりの尊敬のコツを書いてみたいと思います。よく短所は長所みたいなワークがありますよね。臆病（短所）は慎重（長所）であるというアレです。ただそれも始めは無理やりな感じがして違和感もあると思います。たぶん、それはどうしても短所として考えてしまうので、仕方のない面もあります。こういった面を克服するには、自分自身の「劣等感」が役に立つと思います。私などは、明るくても尊敬、暗くても尊敬できるのですが、それは私自身が私を主観的には暗いと認識しているからです。なので、まず明るい人を見ると素直に尊敬できます。じゃあ、暗い人は何で尊敬できるんだという話になるのですが、暗くても私には「クール」に見えるわけですね。さらにいうと「クール」に見えない暗い人でも、私にはない長所を持っているわけで、そこに目が行くため結局は尊敬してしまうのだと思います。つまり、自身の劣等性（正確には劣等感なのですが）を幅広く認識していればしているほど、相手を尊敬できる可能性が高まるという一種の逆説が成り立つわけです。究極的には相手が生きているだけで、その生命感（!?）が尊敬できるなんて状態もありだと思っています。

　次に相互信頼ですが、

　「私があなたを助ける」わけではありません。相手が「自分で自

38

第2章　アドラー心理学的観点から中学生を援助する

分を助ける」のを、お手伝いするのです。相手には、「自分の問題を自分で解決できる能力がある」のだと信頼してください。（中略）安易に助言をしてしまったり、相手のかわりに問題を解決しようとしたりすることは、「あなたを信頼していません」ということを伝えることになってしまいます（野田，2014）。

　アドラー心理学では、信頼は無条件、信用は条件付きという話も出てきます。できれば思春期・青年期に入る前に相互信頼の関係性が築けていれば理想ということになります。前述したように、信頼感の有無で、同じ言葉がけでも、子どもの反応が異なってくるところがあるためです。では、思春期・青年期では手遅れなのかと言えばそういうこともなく、周囲（主に親）が対応を変えることで、子どもの周囲（主に親）への信頼感が変わることは教育や臨床の場面ではよく見かけるシーンです。信頼感というベースを築き上げるのが、アドラー心理学でいう勇気づけとなるのですが、これも後ほど取り上げたいと思います。

　次に協力の話に移りたいと思います。

　「それは私の課題ではありません。あなたの課題です。あなたひとりの力で解決なさい」という態度をとると、人を手助けしていることにならないことがあります。「課題の分離」をすることも、勇気づけのひとつの方法です。しかし、相手から相談を持ちかけられているのなら、一緒に考えて、場合によっては一緒に行動して、問題を解決するお手伝いをしましょう。「共同の課題」を作るのも勇気づけのいい方法です。親子はいつも協力しあって暮らしたいものです（野田，2014）。

さて、引用文中に出てくる課題の分離とはどういうことでしょうか。以下、引用してみましょう。まず課題とは何でしょうか。深沢（2005）によれば、

　　人にはそれぞれが取り組むべきことがあります。それを課題といいます。課題とは、それをすることで、あるいはしないことで、その行為の最終的な責任を負わなければならないものごとです。

ということになります。また、深沢（2005）は、保護者の面接で親子の課題の整理をした結果を記述していますが、そのケースでは、子どもの課題として、学校、勉強、友だち関係、異性関係、小遣いの使い方、自由時間の過ごし方、子ども部屋の片づけ、が挙げられています。また、母親の課題として、家事、家計の管理、（母親）の友人関係、趣味、が挙げられています。さらに、共同の課題として、共同スペース（リビング、トイレ、風呂）の使い方、家族旅行のプラン、門限、その他迷惑を受けたこと、が挙げられています。どうでしょう。こうやって列挙してみると、課題の分離のイメージができたのではないでしょうか。中学生の親の中には、この課題の分離ができないで、労多くして功少なし状態になる方々がけっこういらっしゃる感じです。課題の分離は、主に過干渉型の親子関係で出来にくいようです。おそらく小学生のときは、その対応で「上手く行っていた」ので、中学生でも引き続きその対応を続けていらっしゃるのだとは思います。ただ前述したように思春期・青年期では子ども自体が変化してしまうため、その対応では上手く行かなくなる場合が出て来るのだと思います。もちろん、その対応でも上手く行き続ける場合も、親子の組み合わせによっては存在する可能性がゼロではありませんが、親の労は多いままかもしれません。

第2章　アドラー心理学的観点から中学生を援助する

　さて、ここで問題となってくるのは、課題の分離と協力の関係です。課題の分離をして、あとは知らんぷりとなると、ある意味で、放任的な育児と同じになってしまいます。課題の分離は、過干渉的な育児や過干渉的対人関係において冷静になるための発想であり、基本は、協力的な育児や協力的な対人関係にあります。この協力的な対人関係が展開される生活をしている人がアドラーの言う共同体感覚を持った人のライフスタイルなんですね。課題の分離は、競合的な人間関係を協力的な人間関係に置き換える下準備の段階とも言えるかもしれません。最後に目標の一致の話に移りましょう。野田（2014）によると、

　　実現可能な目標を立てて、それについて合意しましょう。実現不可能な目標は実現できません。実現可能ではあっても、ふたりが違う目標に向かっていたのでは、うまくお手伝いすることが難しいでしょう。実現可能な同じ目標を決めて、はじめて、それに向かって二人が協力することができるようになるのです。

　思春期・青年期で問題となる多くのパターンは過干渉的な関わりの中で、この目標の一致が出来ていないことに起因するように感じます。例えば、勉強のことについて、子どもはほっといて欲しいと言っているのに、親は口を出してしまう感じです。また部屋の片付けも口出ししてしまう領域としては多いかもしれません。こういったことは、子どもがほっといて欲しいと言っている場合には、親の目標と子どもの目標が一致していないため、親の方が、それこそ放っておく勇気を発揮する必要が出て来ることになります。ただし、では、一度子どもにそう言われたからと言って、あとは放置しておくのかというと、もちろん、ほっておく場合が大半になるとは思うの

41

ですが、場合によっては、後ほど取り上げる「問いかける関わり」によって、目標の一致、すなわち共同の課題にすること、さらに言い換えると、協力的な生活を営む機会は創り続ける努力は必要になります。目標の一致ができないからといって何もしないでは、放任的な関わりとほぼ同じになってしまうからです。

(6) 勇気づけ

アドラー心理学的な関わりを一言で言い表すと勇気づけということになります。では勇気づけの勇気とは何でしょうか。岩井（2013）によると、

困難を克服する活力

ということになります。この定義をより共同体と関連付けて言い換えれば、共同体に対して自身の応答可能性を発揮する活力、ということになるでしょう。勇気づけは、共同体に対して自身の応答可能性を発揮する活力を強める働きかけということになります。何だか小難しい定義になってしまいましたが、要するに、自分にできることをする元気を与えること、であるとも言えます。その元気がクラスや家族などの共同体に貢献する方に向かえば理想ですが、中学生の段階では、まずは勉強したり、友人作りだったりという、そこで出会うような困難を克服する活力を与えることができれば、勇気づけとして成立していると言えるでしょう。

勇気づけには様々な技法があります。岩井（2011）は以下に挙げる7つの技法を取り上げています。

①加点主義

第2章 アドラー心理学的観点から中学生を援助する

　②ヨイ出し
　③プロセス重視
　④協力原理
　⑤人格重視
　⑥聴き上手
　⑦失敗を受容

の７つです。①は減点主義の対義語で100点から引き算する発想ではなく、ある意味で０点から加算する発想。②はダメ出しの対義語で建設的な側面に注目する発想。③は結果主義の対義語で出来ているところ、または頑張っているところを認める姿勢。④は競争原理の対義語で横の関係を築いている状態。⑤は行為面において非建設的な場合が認められても人格は信頼するという姿勢。⑥聴き上手とは文字通り良い聴き手となること。⑦失敗を受容とは失敗をチャレンジした証拠とみる見方、ということです。

　　　　　　　　　　まとめ

（1）まとめ
　この章では中学生について、大きく３つの観点から検討してきました。①中学生の特徴、②思春期・青年期の現代における科学的な知見、③アドラー心理学における中学生への対応法、の３つです。それぞれ簡単に振り返ってみましょう。
　まず①中学生の特徴ですが、中学生の特徴は小学生に比べてライフタスクの量や質に変化があるというところでした。特に勉強面や友人関係面での変化が大きいという特徴がありました。
　次に②現代の科学的な知見ですが、こちらに関しては、脳の変化

43

に伴い、自己コントロールが取りづらい面があることが、「疾風怒濤」の時代と称される事態に繋がる場合もあることがありました。アドラー心理学には主体論という理論があります。個体が全てを決めているというものです。アドラー心理学的にはもちろんそうなのですが、身体的な側面から考えると、意識的な側面に属する自己コントロールがまだ未成熟であるため、無意識的な側面が優勢になる場合もあることは意識しておくと良いかもしれません。無意識的な側面が優勢になる場合があるからといって、不適切な行為は本人の責任ではない、とはならないのですが（「無意識」もまた個体の一部ですから）、自己コントロールが上手くできるようにする前頭葉は25歳くらいまで発達するわけですから、中学生期には、少し「大目にみる」ことも必要であるように思います。

　最後に③アドラー心理学における中学生への対応法ですが、土台として（1）相互尊敬・相互信頼があり、その上に（2）課題の分離を行い、（3）勇気づけを行う、という3段階が基本でした。大きな注意点としては、（2）課題の分離をしてお終いとするのではなく、援助者側からの協力の要請、つまり問いかける関わりを通して、援助者側からの関わりは必要に応じて続ける必要があることがありました。

　まだ詳しく述べていませんでしたが、問いかける関わりとは、相手に協力して欲しいこと、言いかえれば、相手のニーズがあるかどうかを尋ねてみる、という関わり方のことです。例えばですが、アニメのサザエさんに出てくる三河屋さんのような関わり方です。三河屋さんは、サザエさん家に物が必要かどうか聞きにやってきますよね。サザエさんが「間に合っている」と答えたら、「また来ます」みたいな感じで帰ってしまいます。このように、とりあえず援助が必要かもしれない相手に手伝って欲しいことがあるかどうかを聞い

第2章　アドラー心理学的観点から中学生を援助する

てみます。そして相手に手伝って欲しいことがないなら、その場では一端引っ込めます。そしてまた折を見て尋ねてみるという関わりです。課題の分離をしたままにして、ある意味で「無関心」な状態を続けるのではなく、気になることが出てきたら協力できることはないかどうか尋ねてみることが、以下で述べる共同体感覚がある生活といえるでしょう。

（2）共同体感覚

　いかがだったでしょうか。この章で採り上げたことを思い出していただけたでしょうか。終わりにアドラー心理学の中心概念である共同体感覚の話をしてみましょう。岸見（1996）は共同体感覚について次のように述べています。

　　「他の人の目で見て、他の人の耳で聞き、他の人の心で感じる」とは、共同体感覚を説明する時によく引き合いに出される言葉であるが、アドラー自身のものではなく、イギリス人の作家によるもののようである。

　実は、他の人の目で見て、他の人の耳で聞き、他の人の心で感じる、というのが、中学生と接する時においても重要であると言えます。つまり、中学生と接する方々の共同体感覚が試されているということでもあります。ここで、読者の方々のイメージを促進するために、私が経験した例を2つ挙げてみようと思います。ケースの詳細は改変しますので、正確ではないですが、その雰囲気を感じ取っていただければと思います。

　私がカウンセラーになって初期のころでした。私のカウンセリングに継続的に通ってきている子がいました。教室に入れない子でし

45

た。その子は私だけでなく他の心理職の方とも相談していたようでした。そのような中で、私と相談しているときに、「先生は教室に入る作戦ばかり立てている。他の先生は頑張ってるねと言ってくれる。先生にはそれがない」と言われました。なるほどなと。その子がその時求めていたのは、教室に入る作戦ではなく、教室には入れないものの相談室には来ている頑張っている自分だったのでしょう。私は他の人の心で感じる、つまりその子の心で感じることができていなかったことになります。ちなみにその後も継続的に相談には来てくれていたので、完全にダメだったわけではないようです。

　もう一つ例を挙げてみましょう。このケースも学校には来ているものの教室に時々入れなくなる子でした。前述したケースと同じような時期だったので、同じような対応を私はしていたのでしょう。その子とは何回か話してはいたのですが、ある時、以下のようなことを言われました。「先生、今日はそういう話はしないで、他のことを話しませんか？ 風が気持ち良いですよね」と。このケースはその後中断してしまったので、ダメだった可能性が高いです。

　以上に簡単に2ケースを取りあげてみました。いかがだったでしょうか。私の対応のダメなところがなんとなくおわかりになったでしょうか。私の共同体感覚、「他の人の目で見て、他の人の耳で聞き、他の人の心で感じる」が足りなかった例であると思われます。もちろん、全部が全部、他の人の心で感じることは不可能だと思います。しかし、そうしようと努力することは、中学生の年代に限らず必要なことであるように思います。さらに言えば、努力の領域を超え、それが自然にできるようになると援助者の共同体感覚がその人そのものになっており、より理想的なのかもしれません。

　今度は共同体感覚（ゲマインシャフツゲフュール）の英訳であるソーシャルインタレストの側面から見たケースを考えてみたいと思

います。もちろん詳細は改変してあります。正確にはケースではないのですが、よく相談室に遊びに来てくれていた子に、その学年で人気のあった先生について尋ねたことがありました。するとその子はこう答えました「あの先生は俺たちのことを見てくれている」と。見てくれているってどういうことかと尋ねたところ、「こないだサッカーの試合頑張ってたな」と声をかけてくれたということでした。つまり、その先生は、ソーシャルインタレスト、すなわち他者への関心を持っていたということになります。他者への関心があれば、そういった側面に注目することができるということでしょう。それがまた生徒には嬉しいんでしょうね。

　さて短いながらも、共同体感覚に関する例を3つ挙げてみました。まとめると、他者への関心を持ちつつ、他の人の目で見て、他の人の耳で聞き、他の人の心で感じることが、思春期・青年期にある中学生には有効である可能性が高いと考えられます。

【文献】

Adler, A.（1931）*What life should mean to you.* New York: Grosset & Dunlap, cop.（岸見一郎 訳(2010)人生の意味の心理学（下）. アルテ. p.40）

Adler, A.（1969）*The science of living.* New York: Doubleday.（岸見一郎 訳（1996）個人心理学講義. 一光社. p.192）

深沢孝之（2005）思春期の混沌にスクールカウンセラーができること（深沢孝之編，アドラー心理学によるスクールカウンセリング入門――どうすれば子どもに勇気を与えられるのか）. アルテ. p.70, 71.

平原春好(2002)中学校. 平原春好他（編）. 『新版教育小事典』. 学陽書房. p.240.

岩井俊憲（2011）勇気づけの心理学　増補・改訂版. 金子書房. pp.153

-pp.154.

岩井俊憲（2013）カウンセラーが教える「自分を勇気づける技術」. 同文館出版. p.12.

笠井清登（2015）総合人間科学としての思春期学. 長谷川寿一（監）. 笠井清登他（編）.『思春期学』. 東京大学出版会. pp.1-pp.4.

向後千春（2014）アドラー"実践"講義 幸せに生きる. 技術評論社. p.58, 150.

小池進介（2015）脳の思春期発達. 長谷川寿一（監）. 笠井清登他（編）, 『思春期学』. 東京大学出版会. pp.140-pp.141.

溝上慎一（2015）青年心理学との融合. 長谷川寿一監. 笠井清登（編）. 『思春期学』. 東京大学出版会. p.321, 323.

野田俊作（2005）Passage 1.3. 日本アドラー心理学会. p.1-L.

野田俊作（2014）Passage Plus version 2.0. 日本アドラー心理学会. p.4 -L, 21-L, 22-L.

第3章　アドラー心理学と若者支援の実際
──「勇気」と「甘え」と「愛」

夏見　欣子

勇気づける

　人はこの世に生を受けた瞬間から、心地のよい感覚とともに、満たされず失望してしまう感覚を体験する。その人の在り方を揺さぶるような傷つきや失望を体験したとき、人は自分の工夫とまわりの環境が整うのを待つことができる。人は自らが環境との間で行き詰まる体験をすることで、新しい気づきとともに「自然な甘え」を初めて体験し、自らを育てる一歩を踏み出すことができるようになる。この何かしらを背負いながらも前進する力があることをアドラー心理学では「勇気がある」といい、その力を身につける支援を「勇気づける」と筆者は理解している。筆者はこれらの点を取り扱ったカウンセリングとはどうあるべきなのだろうかと考え続けている。

　本章では、筆者の心理カウンセリングの臨床例を取り上げ、実際のカウンセラーとクライエントの間で生じた「勇気づけるカウンセリング体験」の様相を指し示し、そこに見えた「甘え」と「愛」についてのそれぞれの意味を筆者なりに考察する。クライエントである青年の年齢は 10 代後半・高校生である。事例の内容は本質を損なわない程度に修正を加えている。

涙

　青年は、カウンセラーの前で初めて涙を浮かべた。綺麗に薄紅色

に色づく上下のまぶた。大きく見開いた潤んだ瞳はそのままこちらをまっすぐ見つめていた。カウンセラーもまた彼の瞳をただ静かに見つめていた。二人はしばらくそのまま静かに見つめあっていた。

「綺麗な瞳……」

感動をともなった言葉がふとカウンセラーの心に浮かんだ。その瞬間、カウンセラーは「はっ」と我にかえった。

「……そろそろ時間ですね。また、次回」

とカウンセラーは青年に伝えた。

青年は立ち上がれずにしばらくソファーに座ったままだった。といっても、実際はほんの4、5秒ほどだったかもしれない。だが、いつもの彼の様子とはあきらかに違う状態であることにカウンセラーは気づいていた。その数秒は、まるで時間が止まったようでもあった。青年は、ずっとここに座っているわけにはいかないことを充分に分かっていた。そして、彼はすこし気合をいれて立ち上がった。それから、いつものように会釈をしながら、静かに「ありがとうございました」と言い、彼はカウンセリングルームを出ていった。

やり取り

その日も、青年はいつものように決まった時間にカウンセリングルームを訪れた。そして、いつものように静かに「こんにちは」と挨拶をし、カウンセラーの目の前のソファーに座った。青年とカウンセラーは母と子ほどの年の差があり、青年の母親のような雰囲気がカウンセラーにはある。青年は、地味な振る舞いの中に誠実さを重んじる律儀さを身につけていた。

「さて、今日は何を話しましょうかね？」

とカウンセラーは静かに青年に言葉をかける。

第3章　アドラー心理学と若者支援の実際

「前回の続きで……」

青年とカウンセラーの最初のやり取りは、ここ数回、この同じ言葉のやり取りで始まる。青年は、もともと初回面接から口数の少ないクライエントであった。こちらから尋ねた質問には答えるが、言葉短く必要以上のことは語らない。「どんな気持ちだったのかしら？」と尋ねてもあまり情緒豊かに語らず、単語一言で感情表現をしてしまうような特徴があった。「もう少しほかの言葉でその気持ちを表現できますか？」と重ねて尋ねると、彼はカウンセラーの要求に応えようとするが、それ以上に表現する言葉が出てこず、目を白黒させながら何もない何かを引き出そうと四苦八苦するだけで、言葉では表現できなかった。

本当の悩み

青年はこのカウンセリングルームに来るまでは、彼が以前住んでいた町の、女性の生活相談員さんに話を聞いてもらっていた。転居をきっかけに、その相談員さんとは離れてしまい、話を聞いてもらえる人がいなくなってしまった。しばらくはひとりで頑張ってやってこられていたのだが、「やっぱり誰かに話を聞いてほしい」という気持ちになったという。それが彼の来談のきっかけだった。

彼は、「新しい土地、新しい生活、新しい人間関係に慣れなくて、もとの場所に戻りたい気持ちがある」という話をしながら、自身が中学生の頃に不登校をしていたということもカウンセラーに打ち明けた。

「もし、ここでここをあきらめたら、またそういう自分に戻るようで……。それもどうかなと思うし、だからここでがんばっていくべきなんだろうけど……。それにしても、ここでこのまま続けるのも辛いし……」

51

とも語った。表面上の悩みは「新しい土地、新しい生活、新しい人間関係に慣れなくて適応できない苦しさ」かのように青年はカウンセラーに話すのだが、カウンセラーはなんとなくそのような悩みは本当の彼の悩みでないような気がした。というのは、青年の現状は彼が言うほど悪くないからである。彼は新しいことにそれなりに適応はできているのである。欠席や遅刻もせずに登校し、家計を助けるためにアルバイトもこなしている。気のやさしい青年は他人の気持ちも汲み取るので、新しい友達もすぐに出来た。確かに、幼馴染の友達のように阿吽とまではいかないのだろうが、友人関係もそれなりに程よい遠慮もありながら、ちょうどいい距離感で他者とうまくやっているのである。

　そんな青年を見ていてか、カウンセラーには、どうも一刻も早く悩みを解決して欲しいと求めるというよりは、「ただ、いっしょにいてほしい」「僕はここにいていいのだろうか?」という感じが強く伝わってくる。「青年は私に本当は何を求めているのだろうか?」「甘え?」「なぜ青年は私に甘えたいのか?」。カウンセラーは最初そんな疑問を持ちながらも、「あなたは、私に甘えたいのですか?」と彼に尋ねるのも野暮なことのように感じ、

　「ここの土地で、今の学校で、もう少しいっしょにがんばってみましょうよ」

とだけ伝え、しばらく青年に付き合って話を聴こうと決めた。そうやって、もうしばらく……、もうしばらく……、とカウンセリングの回数を重ねていた。

　週に一回、決まった曜日の決まった時間にカウンセリングは始まり、決まった時間に終わる。そうしながら、かれこれ一年近くになっていた。

第3章　アドラー心理学と若者支援の実際

家族

　カウンセラーは、前回のカウンセリングで青年が何を話したかは覚え
ていた。しかし、青年の記憶とずれがあってはいけないと思い、念のため、
　「前回はどういう話でしたかね？」
と尋ねた。青年はカウンセラーに対して「覚えてくれていなかった
のか？」と悲しがる様子や不信感を表すでもなく、
　「前回は祖母の話でしたね」
と、さらっと答えた。カウンセラーは、
　「そうでしたね」
と相槌をうつ。カウンセラーの頭の中を、前回までに青年が語って
きた内容が走馬灯のように流れる。祖母の認知症の話、その認知症
の祖母と母親が喧嘩をする話。そして、彼の母親の話をしかけた途
中でカウンセリング終了の時間が来て、「では、また続きは次回」と
なっていた。青年の母親は生まれつき身体が不自由で車椅子生活だ
ということをインテーク面接で聞いていた。そして、カウンセリン
グの回数を重ねる中で、彼の母親は食事も作れず、掃除もできない
と聞いていた。しかし、前回、彼が打ち明けた内容はそれだけでは
なかったのである。母親は、知的能力にも困難さがあり、文字はひ
らがながなんとか読み書きができる程度であった。そこまで話を聞
いたところでカウンセリングの終了時間が来たのであった。
　カウンセラーは、前回はそういう話でしたよねと青年に確認をとった。
　「はい、そうです」
と彼は答えた。
　「では、小学校や中学校の時に大事な書類等の記入は誰がしてくれ
たのですか？」
　「祖父です」

53

「……じゃ、小学校の入学の時、お道具箱とか、鉛筆やはさみやのり、教科書、いろんなものすべてに名前を書かないといけないでしょ。あれはどなたが書いてくれたのかしら？」

「それは、自分で書きました」

「自分で？」

「はい。ひらがなでね。小学校に入る前に、もうひらがなは自分で書けたので」

彼の自立心にカウンセラーは感心した。その反応を見てかどうだか

「でも、自分の名前だけですけどね」

と彼は付け加えた。

それを聞いたカウンセラーの心には、黒色の名前ペンで書かれた、味のあるひらがな一文字一文字が並んだ視角的イメージが浮かぶ。そして小学生であった頃の青年を思うと、健気さといとおしさの感情がわき上がる。「そういえば……、彼はわけあって出生時すぐに両親から引き離され、祖父母に育てられたのだったっけ」とカウンセラーは青年の生い立ちを思い出した。その時、カウンセラーの心が揺さぶられた。そして、カウンセラーは、彼の生い立ちと「ただ、いっしょにいてほしい」「僕はここにいていいのだろうか？」という感覚との意味が繋がる深い心的体験を味わった。

「いっしょにいてほしかったんだね。わけあって離れていたけど……」

カウンセラーの言葉に続けて、彼は次のように語り始めた。

「はい、そうです。小学生の頃はいつもなぜ自分は周りの友達みたいに両親といっしょに住めないのかって……周りの友達をうらやましく思っていました。両親とは旅行などはできましたがね。でも、いっしょに生活ができなかったことが寂しくて、いつも『なぜ？』『なぜ？』って、そればっかり考えていました」

第3章　アドラー心理学と若者支援の実際

　カウンセラーの心に悲憤慷慨する小学生時代の青年の心を思い起こさせた。彼はそのまま話を続けた。

　「中学校の入学と同時に、念願かなって祖父母から離れ、両親と一緒に暮らせるようになりました。しかし、父はまじめに仕事をする人ではなかったのです。‥‥‥中学校の頃はこう見えても僕はすごく反抗して悪かったんです。なぜか一人になりたくて学校にも行かないで。一人になれるところを探してさまよっていました。何回か深夜徘徊で警察に補導されたこともあります」

　「そうだったんだ」

　「学校生活にあまりにも適応できていない僕の状況に対して、祖父は黙っていられなくなったんでしょうね。中学校の2年くらいの時かな、祖父が、『今から話すことは、絶対誰にも話したらあかんぞ』と念を押して、『実はお前のお父さんはね‥‥‥』って、父の重大な秘密を語ってくれました。その秘密をきいて納得したんです。ああ父も辛いんだなって、そしたら父のことも少し許せたんです。この間、父が亡くなったでしょ。あんな駄目な父親でも、亡くなったらやっぱり生きていてほしいと思うんですよね。どんな駄目な父親でもいないよりはいてくれるほうがいいって」

　「そう、お父さんの死で、『どんな駄目な父親でもいないよりいてくれたほうがいい』ってあなたは気づいたのね。それって、認知症のおばあさんに対しても、生まれながらにして病気を患い、身のまわりのことが出来ないお母さんに対しても、同じように思っているのかしら。彼女達のことを支えるのは、あなたにとっては大変だけど、いないよりはいてくれるだけでもいい。ただいてくれるだけ、それだけでも、あなたの心は支えられる。いないよりはいて欲しいって思うのね」

　「そうです。いなくならないでほしいのです。ずっといてほしいの

55

です。おばあちゃんもおかあさんもおじいちゃんも……大変だけど」
　「……あなたが生きるためには、たとえどんなに大変な家族でも、苦労の多い家族でも、いないよりはいるということの重要さを身にしみて感じるのですね」
と実感をともなった言葉がカウンセラーの口から自然にこぼれた。
　その言葉を聞いた青年は、じわーとゆっくり涙を浮かべた。半年前に、父親を突然亡くしたときのカウンセリングでも、一切泣かなかった青年が、初めてカウンセラーの前で涙を浮かべた。彼の潤んだ瞳には「愛」が表れていた。その瞳を見た時、カウンセラーは「綺麗な瞳……」と感じたのである。

愛

　「甘え」理論を提唱した土居健郎は、「受身的対象愛というのは対象を愛するというのでなく、対象に愛されたいと思う心の働き」とし、前者を「対象を求める」ことであるとすれば、後者は「対象に求める」ことであると区別した。
　バリントの「受身的対象愛」と土居の「甘え」の理論について土居自身が次の述べていると安村（2016）は紹介している。

　　バリントは、対象に愛されたい欲求、「受身的対象愛」が満たされないときに、人は仕方なしに自分で自分を愛することになり、それが自己に閉じこもる「ナルシシズム」の状態であると指摘したのである。土居はこのバリントの考えを支持し、「受身的対象愛」はまさに「甘え」のことであるとし、（中略）甘えられない悩みは誰しも幼時に多少なりとも経験することである。しかし何らかの理由により愛情不足が甚だしい時は、（中略）自分に甘えるナルチ

第3章　アドラー心理学と若者支援の実際

シズムの状態が発生する（安村 2016）。

　事例の青年が、自身の中学生の時の様子を語るコメントに注目してみよう。青年の両親は育児能力がないとみなされ、専門機関の指導のもと、彼は生後まもなくすぐに母親から引き離された。彼は、乳幼児期・児童期・前思春期を両親からバリントのいう「受身的対象愛」を満足に受け取る体験に恵まれなかったと考えられる。中学校の入学と同時に青年は念願かなって両親といっしょに生活を始めることが出来た。しかし、母親は青年のお世話が出来るような母親ではなかった。また父親もまじめに仕事をするような父親ではなかった。彼の両親は、彼が長年思い描いていたような理想的な両親でなかった。

　彼は真に求めていた「受身的対象愛」を両親から受け取ることが出来なかったばかりか、両親に対して大きな失望を味わう体験をしてしまった。「受身的対象愛」を得られなかった彼は、一人になりたくて深夜徘徊をし警察に補導されたり、不登校という状況に至った。彼の「一人になりたい」という意味は、バリントのいう自己に閉じこもる「ナルシシズム」の状態であったといえないだろうか。彼は、自分で自分を愛するしか方法がなかったのである。

　アドラーは、人生のタスクに次の三つを挙げている。「仕事のタスク」「友情のタスク」そして「愛のタスク」である。さて、「愛」とはなんだろうか。

　『幸せになる勇気』の哲人と青年のやり取りの中で、哲人は青年に次のように伝えている。

　　「他者を愛することによって、ようやく大人になるのです」
　　「愛は自立です。大人になることです。だからこそ愛は困難なの

57

です」（岸見他，2016）

『愛するということ』の冒頭でエーリッヒ・フロム（1956/1991）は、

愛というものはその人の成熟の度合いに関わりなく誰もが簡単に浸れるような感情ではない。

満足のゆくような愛を得るには、隣人を愛することができなければならないし、真の謙虚さ、勇気、信念、規則をそなえていなければならないとし、これらの特質がまれにしか見られない社会では、愛する能力を身につけることは容易ではない。

愛は技術であるということを前提として、愛することをやめてしまうことはできない以上、愛の失敗を克服する適切な方法は一つしかない。失敗の原因を調べ、そこから進んで愛の意味を学ぶことである。

と述べている。フロムのいうこれらの愛の定義は、アドラー心理学では「愛」を人生のタスク（課題）であると定義している点と共通しているように筆者は思う。

ケースに戻る。その後、青年は、父の行動行為により恥ずかしい思いをした体験をカウンセラーに語った。それは、小学生の頃の出来事、親子三人で街中を歩いているときの回想である。親子三人は年配の女性二人組とすれ違う。その女性達は、親子三人に対して好奇の目を向け、「あの人たち親子だわよ」とこそこそと揶揄するような非常識な態度を示す人達であった。父はその心無い人達の言動にたいして怒りを見せて彼女らに罵倒を浴びせた。当時小学生だった

青年は、その場でいるのが恥ずかしかったとカウンセラーに語った。しかし、今となると父は父なりのやり方で僕たちを守ろうとしていたのだ。心無い人達の理不尽な行為から家族を守りたいという気持ち一心だったのだろう。父の方法はさておき僕たちを守ろうとしていた。父のその時の思いを今の僕なら理解できる。とカウンセラーに語ったのである。また、父は料理が上手で美味しい食事を作ってくれた。いっしょに遊んでくれた。など父親とのいい思い出も語ったのである。

　青年は父親の死を経験し、亡くなった父に思いを馳せ、それについてカウンセラーに語りながら、家族の「愛」についてカウンセラーといっしょに考えるのである。

退行と転移と甘え

安村（2016）は、コフートの自己愛について以下のように表している。

　コフートは、対象愛の発達とは別に、自己愛それ自体も未熟な幼児的自己愛からより成熟した自己愛へと独自に発達していくものとして自己愛の発達ラインを提唱し、自己愛と対象愛の二重軸理論 double axis theory を唱えた。（中略）自己愛を人間にとって必要不可欠なものとして肯定的に捉え、コフートは、自己愛性の問題をもつ患者の停滞した自己愛の発達を促進させるべく、治療者は、患者が必要としている共感的な自己対象反応を提供する必要があることを説いた。

　もう一度、青年の事例に戻ってみよう。彼と出会っているとカウンセラーの心に「甘え」という言葉が浮かんできた。しかし、彼はこち

らに困惑を感じさせるような「甘え」を求めてくるような青年ではなかった。時間を守り、あいさつも丁寧にする。若者特有の華やかさには欠けるのだが、地味な振る舞いの中にも誠実さを重んじる律儀さを身につけていた。カウンセラーの気をひきつけカウンセラーの愛をむしりとろうとするような関係の取り方はしない。彼は治療関係を壊してしまうような振る舞いは決してしなかった。また、「早く答えをください」「はやく治してください」というような、カウンセラーにしがみついてぶら下がってしまうようなことも言わない。

　しかし、カウンセラーには少し気になったことがあった。青年は、カウンセラーから尋ねたことには丁寧に答えようとしてくれるが、自分から会話を広げていくことがなかった。その点に関しては、青年の主体性の弱さを感じていた。それを意識していたカウンセラーは、青年が沈黙を続けても極力カウンセラーから会話を広げたり、無理に引き出すようなことはしないように細心の注意を払っていた。いつも、青年は来室すると挨拶をしながらソファーに近づき、先に腰掛けているカウンセラーの真正面に勢いよく「どん」と腰を落として座った。

　そして、青年は両足を大きく開いて、カウンセラーの顔を見つめた。「どうですか？」とカウンセラーから尋ねると、青年は日常の状況を話し、感じたことや困ったこと、気になっていることを言葉少なく語り出す。しかし、日常の出来事の話はすぐに尽きてしまい、沈黙の状態に入る。すると、青年の身体にゆっくりと変化が起きだす。

　ソファーに腰深く座った青年は、ゆっくりと両太ももの上に両腕をそれぞれ立て、胸の前あたりで手を組む。そして、だんだんと顔をうつむかせていく。しばらくすると、胸のあたりで組んでいた両手は、口元にそわせだす。次に、軽く組んでいた両手を口元あたりでもじもじと動かし始める。まるで、意識が遠のいたかのように目

60

第3章　アドラー心理学と若者支援の実際

は半目状態になり焦点はういている。それから次に、青年は口元に
そえた両手をもじもじさせながら、頭を下に下げたままソファーの
座り心地を直すように何度か身体を揺らしはじめる。ここまでで数
分の沈黙が続いた。「そろそろ限界かな ……」とカウンセラーが
思う。カウンセラーから静かに

　「ずーと黙っているね。もしかして、話したいことが思い浮かばな
いかしら？」
と声をかける。すると青年はぱっと顔をあげ、時間が戻ったように
「ほっ」とした空気になる。青年は

　「はい、思い浮かばないです ……」
と申し訳なさそうに言いながらも、少しはにかみ、甘えたような顔
をした。

　「そう、浮かばないのね ……。でも、ここで私と話をしたいのよね」
と伝えると

　「はい」
と答えた。

　当時、筆者がスーパーバイズを受けていたバイザーから「あなた
は、こういう感じの従順さを持った人で、母性を必要としている
人のカウンセリングが得意ですよね」と伝えられた。その時は、バ
イザーのおっしゃってくれる意味がよくわからなかったのだがこう
やって二人の間に何が起きていたのかを表すと、バイザーの伝えた
かったことに納得できるところがある。

　馬場（2008）は、バリントの『治療論からみた退行』から、退行には、
質のよい退行（benign regression）と質のわるい退行（malingnant
regression）があることを提示している。そして、質のよい退行（一
時的部分退行）とは、治療の役に立つとした。質のわるい退行をし
てしまうような人は、基底的な欠損（basic fault）があって、もっ

61

と深いところに病理があり、他者と信頼関係を作るような基本的な大切なやりとりが出来ないとバリントの理論を紹介している。

　おなじバリントの解説だが、名越（1993）はバリントの「基本的欠陥水準（the level of basic fault）」という用語について次のように語っている。

　「バリントはこの概念を臨床場面から抽出してきたのであり、その臨床場面で生起してくる状況が、エディプス水準に属する問題よりも原始的とみなされたから、basic なのである。また fault についても、あくまでも臨床場面での患者の訴えから抽出された言語であることをバリントは強調している」（名越，1993）

　続いて、名越（1993）はバリントンの基本的欠陥水準の主要特徴を以下のように紹介している。

　a）治療場面で起こるすべての出来事は、排他的な二人関係であり、第三の人間は存在しない。
　b）二人の関係とは、ある種特別なもので、よく知られているエディプスレベルの人間関係とは全く違っている。
　c）このレベルにおいて働いている、力動的な力の本質は、内的葛藤に由来しない。
　d）通常の言語はしばしば、このレベルで起こる事柄を叙述するために役立たないか、あるいは誤解を招きやすい。なぜなら、そこでは言葉が合意された通常の意味を持つとは限らないからである。

　フロイトは、口唇期（生後 18 ヶ月ぐらいまでの時期）は、小児性

第3章　アドラー心理学と若者支援の実際

欲の発達の第一段階とし、乳首などを吸う行為によってその刺激で口唇に快感を得ている時期と唱えた。社会的関心が大きかったアドラーは性的欲動を中心とした神経症理論を説くフロイトに違和感を感じたことから決別した。だからかアドラー派からすると性欲と表現は何かしっくりこない。しかし、筆者はこの口唇期を、口唇を通して赤ちゃんは母親から「受身的対象愛」を満たしてもらう大切な時期ととらえる。

　赤ちゃんは授乳を求めているとき、母親にサインを出す。身体の一部をぴくぴく動かしたり、くねくねさせたり、もぞもぞと落ち着きが無くなる。手が顔の近くにあれば、手で顔をこすり始めたり、手や、口の近くにあるものを吸おうとしたりする。母親はこのような赤ちゃんのサインに気づき「そろそろおっぱいかな？」と授乳の準備を始める。

　先に記した、青年のカウンセリングでみせる沈黙の場面で、青年の非意識の身体表現とその彼の反応に対してカウンセラーから声をかけるタイミングは、この赤ちゃんの授乳を求めるサインと授乳の準備をする母親の反応とに類似していると見た。

　カウンセラーの心に「ただ、いっしょにいてほしい」「僕はここにいていいのだろうか？」と感じていた。これは、青年は、非意識であるが退行がすすみカウンセラーに「受身的対象愛」を求めていると受け取った。彼の目的をカウンセラーは好意的に捉え「（話したいことは）浮かばないのね……。でも、ここで私と話をしたいのよね」と言葉を発している。

　名越（1993）は、アドラー心理学の立場から退行を次のように定義した。

　「退行とは、過去に使用されていた対人関係上の行動パターンを、現在使用しているのだと、患者・治療者間で合意・認識した

63

ときに用いられる用語である」

　退行という一つの現象があるのではなく、患者・治療者間において、一連の患者の行動パターンが過去（主に幼児期）より繰り返されたパターンであると、共通の認識・合意が得られたときに、それを退行と名付けるという定義がなされる。つまりタイムマシンで過去にさかのぼって実際に見て来た、事実としての過去を指しているのでは決してない。実に退行とは、治療場面で起こっている、または使用されているコミュニケーションに関する共有された認識、すなわちメタコミュニケーションなのである。

　以上のことから、筆者は、青年とカウンセラーの治療場面で「退行」が起き、青年はカウンセラーに「受身的対象愛」を求めている。そして、そこでは青年はカウンセラーに対して転移感情が起きているのではないかと考えた。

　和田（2015）は転移について次のように述べている。長い引用になるのだが拝借したい。

　患者が、治療場面で、転移を起こして治療者のことを好きになったときに、フロイト学派の旧来の精神分析の考え方であれば、患者が自分のことを好きになったわけではなく、自分に母親が乗り移って、それを好きになっていると考える。コフートの考え方では、例えば患者さんが、外の世界で褒められてこなかったとか、あるいは褒めてもらったといった話をした場合、これは治療者にも褒めてほしいということを暗示しているのだというふうに捉えるのである。旧来型の精神分析では、転移はある種の異常心理であり、最終的に克服しなければいけないものであった。コフートは、旧来の自我心理学、つまり自我をしっかりさせて人に頼らな

くてもいいような自分にしていくという考えや目標を捨てて、む
しろ、自己対象は一生必要なものなのだという結論に達する。そ
れを通じて、いろいろな形で人に上手に依存が出来るようにして
いくことが大事であるとする理論であり、最終的には、治療者だ
けを自己対象にするのではなく、その人が周囲の人たちをうまく
自己対象として利用できるようになること、あるいは自己対象に
まつわる選択肢を増やしていくことで自己を変えてもらう能力を
高めることが目標である。このコフートの考え方は、実際の人間
関係や社会の中での人間というものを重視したアドラーの共同体
感覚の考え方に近いとも言える。

転移について Buirski と Haglund の主張を葛西（2013）は次のよ
うにまとめている。

　転移は患者の心の中だけで生じる精神内界的プロセスではな
く、患者が感じているものを感じるようになった治療の場でのコ
ンテクストに、患者と治療者の双方が関係して生じてきたものだ
と考えられる。患者は、それまで自分の心理的世界をオーガナイ
ズしてきたテーマにそって、その感情の意味を了解しようとして
いるだけなのである。

青年がカウンセリング場面でカウンセラーにみせる沈黙の姿。
　それは、青年とカウンセラーのふたりの間でコンテクストされた
ものである。長い沈黙の後、限界を感じたカウンセラーから青年に
言葉を発する「（話したいことは）浮かばないのね……。でも、
ここで私と話をしたいのよね」と。そして、青年は、彼自身の感情
の意味を了解して「はい」と答えた。

つまり、この双方の関係から生じてきたコンテクストに気づいた
カウンセラーは、それが青年の心理世界をオーガナイズしてきた
テーマ「僕のために、時をいっしょに過ごしてくれる人と過ごし、
その人から受身的対象愛を受け取り、僕自身の自己と出会う体験を
求めている」という彼のオーガナイズされた意味を無意識レベルで
キャッチし始めたカウンセラーは「（話したいことは）浮かばないの
ね……。でも、ここで私と話をしたいのよね」という言葉を青年
に共感的な自己対象反応として機能させた。このカウンセラーの言
葉を手がかりに、青年は自分の内面に出会う体験を果たす。カウン
セラーと青年の間でこのような体験がカウンセリング場面で繰り返
し、繰り返し、展開する。カウンセラーは青年を理解し、（青年の）
自己理解を援助するという相互的関係によって青年が自己と出会う
体験を提供する。これをカウンセラーが勇気づける場面であると筆
者は考えている。

　カウンセラーと青年は、このようなやりとりをいくつか繰り返し
ながら、青年は自己に閉じこもる「ナルシシズム」の状態にならず
に未熟な幼児的自己愛からより成熟した自己愛へと独自に発達を一
歩一歩進めていったのである。

　　土居は、患者を深く理解し、患者の屈折した心理を厳しく分析
　した治療者だからこそ、患者は治療者に深い信頼をよせ、治療者
　に「素直な甘え」を向けることができるようになると述べている
　（安村，2016）。

　この土居の「素直な甘え」という言葉を、筆者が使っている「自
然な甘え」という言葉に置き換えることが出来る。

第3章　アドラー心理学と若者支援の実際

最後に

　筆者がアドラー心理学を学び始めた頃、アドラーの「甘やかされた
こども」（岸見, 2006）という言葉に影響され、筆者は「甘え」と「甘
やかし」が整理されないまま「甘え」を素直に自由に自然に受け入れ
られなくなった。それに影響されてか、対人関係や子育てや教育を考
えるとき、ぎこちなさを覚えたりもした。そのような感覚を覚えたと
き、筆者の心の中に疑問や不思議や違和感がわき真実をさらに追究し
たくなった。筆者はさらにアドラー心理学を深め、また、アドラー心
理学以外の心理学や精神分析の理論にふれることになった。
　本稿の冒頭の言葉をもう一度読み返して欲しい。『人はこの世に生
を受けた瞬間から、心地のよい感覚とともに、満たされず失望して
しまう感覚を体験する。その人の在り方を揺さぶるような傷つきや
失望を体験したとき、人は自分の工夫とまわりの環境が整うのを待
つことができる。人は自らが環境との間で行き詰まる体験をするこ
とで、新しい気づきとともに「自然な甘え」を初めて体験し、自ら
を育てる一歩を踏み出すことができるようになる』
　そう、筆者も行き詰まりそこから先に進めなく立ち止まったとき、
数えきれないたくさんの方々に「甘え」をいただいてきた。恩師や
スーパーバイザーの先生方、いっしょにクライエントの支援を考え
てくれた同僚や同じ視点で学びを深めてきた仲間。そしてなにより、
たくさんのクライエントとの出逢いが筆者を育ててくれた。事例提
供に協力してくれた青年にも心から感謝を申し上げたい。また稚拙
な本稿に目をとめてくださった読者のあなたには、筆者の考察に対
して大いに疑問や違和感を持っていただきたい。そして、それがど
んな形であれ、あなたの新しい考察の一歩を踏み出すきっかけにし
てくれたら筆者のなによりの悦びである。

人生の課題に直面し成功する人は、あたかも人生の根本的な意味
は、他者への関心と協力であるということを充分に自発的に認めて
いるかのようにふるまう。そして、困難に直面したときには、それ
らを他者の幸福と一致した仕方で克服しようとする（Adler, 1931）。

「勇気」この言葉に勝るものなし。

【文献】

Adler, A.（1931）*What Life Should Mean to You*. Little, Brown .（岸見一郎
　　訳（2010）人生の意味の心理学（上）. アルテ. p.15）

馬場禮子（2008）精神分析的人格理論の基礎. 岩波学術出版社. pp.110-111

Fromm, E.（1956）*The art of loving*（鈴木晶 訳（1991）愛するという
　　こと. 紀伊国屋書店. p.5. p.17.）

葛西真記子（2013）さまざまな間主観性理論とその変遷. 富樫公一編著
　　（2013）ポスト・コフートの精神分析システム理論. 誠信書房. P.96.

岸見一郎（2006）アドラーを読む――共同体感覚の諸相. アルテ. pp.71-84.

岸見一郎・古賀史健（2016）幸せになる勇気――自己啓発の源流「アド
　　ラー」の教えⅡ. ダイヤモンド社. p.250.

名越康文（1993）精神治療における「退行」の位置づけ――フロイト派
　　の見解とアドラー派の見解. アドレリアン第6巻第2号（通巻第11号）
　　1993年4月. p.2. pp.2-3. p.8.

和田秀樹（2015）アドラーと精神分析. アルテ. p.71. p.71. p.84.

安村直己（2016）共感と自己愛の心理臨床――コフート理論から現代自己
　　心理学まで. 創元社. pp49-50. P51. p78.

第4章　学生相談に生かすアドラー心理学

浅井　健史

はじめに

　筆者は大学の学生相談室カウンセラーとして、学生の支援に携わっている。また大学の講義や演習授業でも、日々学生と接している。学部3年時にアドラー心理学とコミュニティ心理学に出会い、その人間観や発想に強く惹かれ、仲間とともに学びを深めてきた。今ではそれらが私の臨床実践の柱となっている。

　そうした立場から、本稿ではアドラー心理学を用いて大学生をどう理解し、支援できるかを検討する。前半は大学生期に出会うライフタスクと関連づけて、学生の心理を述べる。後半はアドラー心理学とコミュニティ心理学を統合した実践モデルを用いて、学生相談における支援活動の見取り図を提示したい。

大学生期のライフタスク

　Adler（1931）は人生において社会から取り組みを要請される課題を「ライフタスク」と呼び、「仕事」「交友」「愛」の3つの領域を挙げた。人間は創造的な存在であり、各領域のライフタスクにどんな態度をとるかを選択できる。同じライフタスクを経験しても、生きがいや成長の契機とする人もいれば、メンタルヘルスの低下や環境不適応に陥る人もいる。自分だけでなく他者の幸福にも関心を持ち、社会にとって建設的な方法でライフタスクに応えることを、Adler(1931) は人間の望ましい態度とした。

ここでは筆者の学生相談と教育の経験をもとに、青年期や大学生の発達課題に関する先行研究（Erikson, 1982; 鶴田, 2002）も参考にしながら、大学生がどんなライフタスクに出会い、どう取り組んでいるかを学年ごとに概観する。

1年生のライフタスク

　入学期は、大きな変化の時期である。学業・対人関係・生活面で起こる大小の変化を波乗りのように越えながら、新しい環境に馴染んでいくことが学生に求められる。

　大学での学びに適応することが、新入生の重要な「仕事」タスクとなる。学生はシラバスを読んで履修する授業を選択し、単位取得の計画を立てる。1年時は語学や教養科目が中心で専門性は高くないが、履修単位が多いので勉強はハードである。各自が生活リズムを整えながら授業に出席し、学びを深めて試験やレポートを乗り越えていく。困った時は学生同士で助け合ったり、教職員に支援を求める「交友」タスクも大切になる。

　新しい知識を吸収しようと、胸をときめかせて授業に臨む学生がいる。その一方で授業に関心を持てず、やりがいを見出せない学生もいる。意欲がわかずに不登校になったり、留年を繰り返す学生もいる。そうした学生の背景はさまざまである。別の大学や学部を志望していたのに叶わず、不本意入学した学生。期待していた学びと実際の授業にギャップを感じ、戸惑っている学生。自分が何を学びたいのか、まだ漠然としている学生。勉強よりも遊びや交友に関心を向けている学生。意欲はあっても基礎学力が足りず、授業に追いつけない学生など。とはいえ人間の目標追求の方法（ライフスタイル）、自己や世界へのビリーフ、共同体感覚は、環境と相互作用しながら発達・変化していく。それゆえ、こうした学生も教職員の手厚

第4章　学生相談に生かすアドラー心理学

い支援を受けたり、学びに興味を持つきっかけを得ると、見違える
ように変わりうる。

　初めて親元を離れ、独り暮らしを始める学生もいる。慣れない家
事をこなしたり、日々の生活ペースを自己管理する「仕事」タスク
に取り組みながら、学生は親からの心理的自立を遂げていく。同時
に離れて暮らすことで、それまで受けていた親からのサポートを改
めて実感し、感謝の気持ちも深まる。

　またアルバイトに従事する学生は、同僚や上司と協働する「交友」
タスクと、責任を持って「仕事」を遂行し、他者の幸福に貢献して
いる感覚を通して大きく成長する。

　大学で新たな人間関係を構築するという「交友」タスクは、新入
生には一大事である。仲間集団において、学生は相互信頼と尊敬に
基づく協働、信頼感、貢献感、共感性などの建設的態度を発達させる。
また同年代の関心、夢、悩みや葛藤を共有しながら、親からの心理
的自立を進めていく。

　仲間の存在により、大学生活の居心地は大きく変わる。時間が経
つと人間関係は固定化し、新たな関係を築きにくくなるので、新入
生は学科・クラス・サークルなどで早く仲間を見つけようと、活発
に周囲に働きかける。

　こうした学生の仲間づくり行動には、2つの目的があろう。第1
の目的は、集団への所属感を得ることである。大学で仲間ができれ
ば、「居場所がある」「他者とつながっている」「承認されている」と
いう安心感が生まれる。逆に仲間づくりに躓き、キャンパスに居場
所を見出せないまま、足が遠のいてしまう学生もいる。

　第2の目的は、社会的な優越性を得ることである。SNS が浸透し
た現代社会では、「仲間と常につながっていること」を至上とする規
範が共有されている。その価値観を受容した学生は、「仲間がいる

71

自分は、好ましい社会的地位にある」と認識し、自己肯定感や安心感を得る。逆に仲間がいないことは、学生に強い劣等感を喚起する。そのため周囲から「友達がいない人」と見られるのを恐れ、学食での孤食を避ける学生も少なからずいる。

仲間づくりを確実に行うため、方略を工夫する学生もいる。例えば入学式より前に、同じ学科に入学予定の学生とSNSでコンタクトし、友人候補を見つけようとする。あるいは集団に立ち位置を確保するために、他の学生と重ならない「キャラ」を設定し、演じるなどである。「友達がほしい」という気持ちとともに、「友達ができないのでは」という不安や焦りを学生は抱く。それらが相まって、こうした方略に駆り立てるのだろう。

仲間ができた学生にも、集団から孤立し、居場所を失うことへの不安が生まれてくる。そうした不安が強い学生は、仲間集団に過剰適応しやすい。例えば、「いつメン（いつものメンバー）」と呼ばれる数名の仲間と、授業からランチまで常に行動を共にする。大学で共に過ごすだけでなく、SNSでも頻繁にメッセージを交換する。仲間集団に生成された「空気」を読み、逸脱しないよう言動に気を遣うなどである。とはいえ、こうした神経症的とも言える努力にやがて息苦しさや疲れを覚え、相談室を訪れる学生もいる。

確かに仲間集団への所属は、大学生活を充実させ、ソーシャルサポートとしてメンタルヘルスを高める。だが、所属のために評価懸念と同調に腐心していると、逆にストレスが増大しかねない。それればかりか自己の意見を持ち、責任感や主体性を持って行動するという、社会生活に有用な態度も育たない。

そうした所属のあり方は自己の幸福だけに固執しており、大きなコミュニティの一員という自己認識、つまり共同体感覚が不足していると思う。筆者は学生への代替案として、共同体感覚に基づく所

属の視点を提示したい。

第1に、他者からの評価に一喜一憂するよりも、自分なりに仲間や社会の幸福のためにどう貢献できるかを考えてほしい。第2に、誰もがユニークな存在であるゆえ、私たちが暮らすコミュニティは多様性に満ちている。「人と違ってはいけない」という私的論理を修正し、コミュニティの利益を侵害しない限り、「ありのままの自分」を肯定してほしい。それと同時に、他者の独自性も尊重してほしい。第3に、共同体感覚が深く内在化されていれば、たとえ独りになっても、他者との絆を感じられよう。それゆえ孤独を恐れることなく、集団を離れた自分だけの時空間も充実させてほしい。

2年生のライフタスク

2年生になると履修できる専門科目が増えるので、より高度な学びへの適応が求められる。学生は専門分野を存分に学べるという喜びや知的関心、あるいは将来を見据えた目的意識を持って取り組もうとする。だが授業に関心を持てない学生にとって、教室はさらに所属感を得にくい場所になる。

この時期には大学の環境に慣れて、各々の学生に合った過ごし方が確立されてくる。学生は1年時よりも落ち着いて、じっくりと関心事に取り組める。一方で安心感から気が緩み、初志を見失ったり、停滞感を覚える学生もいる。改めて目標や関心を自問し、学生生活の送り方を検討することも2年生のタスクとなろう。

2年生・3年生の時期は、サークルやアルバイトで重要な仕事を任されたり、後輩を指導したり、集団のリーダーシップをとる機会が増える。こうした役割を経験した学生は自信を持つとともに、共同体感覚の一部である所属感、対人信頼感、貢献感、共感性などを育み、心理的に大きく成長する。対人関係で自信をなくしたり、傷つく経

験も、長い目で見ると貴重な学びとなろう。

　「愛」タスクである恋愛は、学年を問わず大学生の大きな関心事である。恋愛の悩みや傷心はメンタルヘルスの危機をもたらすが、親密な人間関係を通して学生は思いやり、責任感、所属感を育み、親からの心理的自立を遂げていく。

　「もし人が1人のみを愛し、他の仲間には冷淡であるのであれば、その愛は愛でなく、共棲的な愛着であるか、あるいは拡大された自己中心主義に過ぎない。(中略)もしも私が、真に1人を愛するならば、私は全ての人を愛し、世界を愛し、生命を愛する。もしも私が、誰かに【あなたを愛する】と言えるならば、【私はあなたたちの誰をも愛する、私はあなたを通して世界を愛する、私はあなたを愛し、また私自身を愛するのだ】と言えなければならない」と、Fromm (1956)は「愛」の本質を喝破する。

　Fromm の語る「愛」は、人類・宇宙の一部として生かされていることの認識である「共同体感覚(社会的関心)」の概念と一致する。現代社会の困難な問題は、人類が共同体感覚を高めなければ解決できない (Adler, 1957)。Fromm の言葉は、「愛」の学びがそうした大きな貢献の出発点となりうることを詩的に表現している。

　男女が互いに敬意を払い、対等な立場で協働することの大切さをAdler (1954) は説いたが、恋愛はそうしたヨコの関係を学ぶ機会となる。とはいえ恋愛において、相手に過度に依存したり、一方的に支配しようとするタテの関係に固執する学生もおり、時にそれが暴力やハラスメントとして問題化する。ハラスメント相談を周知するとともに、一層の啓発活動が求められよう。

3年生のライフタスク

　3年生になると、学生はゼミ(研究室)に入り、担当教員の指導

第4章　学生相談に生かすアドラー心理学

を受けて専攻分野を深く掘り下げる。自分がどんな分野に関心を持ち、追求したいのかを明確にすることが、研究室選びの前提となる。そうした社会的要請を受けて、学生はこれまでの学びを振り返り、自分が進むべき方向性を決める。まだ関心や目標を絞れていない学生は、主体的なゼミ選択ができずに悩むことになる。

　ゼミでは演習形式による、少人数の授業が行われる。3年生になると専門知識や理解力が向上している。関心のある分野の勉強だけに、学生にとってゼミは充実した時間となる。教員やゼミ仲間との交流が深まると、学生は所属感、貢献感、信頼感を高め、ゼミをかけがえのない「居場所」と感じるようになる。とはいえゼミのテーマに関心を持てなかったり、指導教員と相性が合わない、仲間に馴染めないと感じる学生は、学びが専門的で集団の凝集性が高いほど、強い疎外感を覚えるだろう。

4年生のライフタスク

　卒論への取り組みは、学業面の集大成的なタスクとなる。卒論では教員の指導のもと、学生がテーマを設定して研究を行い、学術論文の形式に従って書き上げる。限られた期間でテーマを決め、先行研究を読み込み、研究を実施し、考察を行うという知的作業は不慣れもあって労苦を伴うが、その経験を通して学生は知的にも心理的にも大きく成長する。

　もっとも、卒論は多大なコミットメントと重圧を伴うタスクである。途中で壁にぶつかり、勇気を挫かれる学生は多い。提出できずに留年や中退に至る学生もいる。

　3年生の後半より、学生は将来の進路を検討し、就職活動、資格試験、大学院進学などの準備を開始する。その取り組みは4年生になると本格化し、学生は目標に向けて多忙な日々を送るようになる。

75

進路選択のタスクは、学生に自己と真剣に向き合い、社会でどう生きるかを考えるよう求める。アドラー心理学的に見た進路選択のプロセスは、社会という大きなコミュニティに自分が所属する場所と、自分らしい所属の仕方を見出そうとする努力と言える。もちろん人間の所属への努力は幼児期に家庭で始まり、それ以降も学校、地域などのあらゆるコミュニティで不断に行われてきた。大学生期の進路選択はその連続線上にあるが、責任ある大人として社会にどう貢献するかを決定する点で、特に重要な選択となる。社会に自分の場所を持ち、自分らしく所属している感覚はErikson（1982）のアイデンティティ（自我同一性）概念とも近く、人間は生涯を通してそのような所属感を追求し続けるのだろう。

　とはいえ、就職活動で志望する企業の内定を取れなかったり、大学院の入試で不合格になったりと、実際の進路選択では思うような結果が出ずに勇気を挫かれやすい。また就職活動や資格試験の勉強を、授業や卒論執筆と並行して行うのは容易でない。だからこそ、他者からのサポートや勇気づけが不可欠である。実際に就職活動をする学生は、キャリアセンターで助言をもらったり、親から暖かいねぎらいの言葉をかけられたり、学生同士で情報交換をしたり励まし合っている。学生は困難なタスクに取り組む過程で、「自分は人々とのつながりの中で支えられている」と改めて認識するだろう。

大学院生のライフタスク

　大学院に進学した院生は、学びや研究を深く掘り下げられる環境にやりがいを感じながら、研究者の卵として学業のタスクに取り組む。そして学会などで成果を発信したり他の研究者と交流しながら、研究コミュニティに自分の場所を築こうとする。ともあれ修士論文や博士論文の提出に向けた研究では高い完成度や独自性を要求され

第 4 章　学生相談に生かすアドラー心理学

るため、誰もが壁にぶつかるだろう。

　共同研究をする研究室では、各々の院生に責任や役割が与えられるため、人間関係は濃密になる。そのため指導教員や研究室の雰囲気と相性が合わない院生には、集団は息苦しい場所になりやすい。

　大学や研究機関の研究者、専門性を生かした実務家や企業の研究職、一般就職など、院生にも多様な進路がある。自分の専門分野を追求でき、条件面も安定した研究ポストが理想であろう。とはいえ、実際には博士号の取得者でも研究ポストになかなか就けない場合がある。それゆえ多くの院生は理想を心に抱きながら、実社会でどう自分らしく所属できる場を見出すかに葛藤するだろう。

アドラー心理学と学生相談

　大学はキャンパスという場で多くの人々、物財、制度などが連動して 1 つのシステムを形成する「コミュニティ」である。そして学生は、大学コミュニティで教員、各部署の職員、友人、家族などの人々と相互作用しながら生活している。学生を取り巻く人々は、各々が専門性を持っていたり、日頃から学生と信頼関係を築いている。それゆえカウンセラーだけで学生に関わるよりも、こうした人々を大学コミュニティのリソースとして捉え、学生のニーズに応じて連携・協働することで、効果的な支援が可能になる（岩田，2010）。

　そうした観点から、ここでは筆者らが作成したアドラー心理学とコミュニティ心理学の統合的実践モデルである「アドレリアン・コミュニティアプローチ（以下、ACA と略す）」を学生相談に援用したい。それにより大学コミュニティで生活する学生への支援に、どうアドラー心理学の発想や方法を役立てられるかを検討する。

77

アドレリアン・コミュニティアプローチ（ACA）の概要

　コミュニティ心理学は、密室型の個人セラピーを中心とした伝統的な心理的支援のあり方を批判し、1960 年代にアメリカで誕生した心理学の分野である（安藤，2009）。基本理念の一部を以下に示す。

・人間は社会的存在であり、集団・社会などのコミュニティで、周囲の人々や環境と相互作用しながら生きる。
・人間をコミュニティから切り離して研究しても、その心理は十分に理解できない。人間の心理は、コミュニティとの相互作用という生態学的視座で理解される。
・個人の心理的問題がコミュニティとの相互作用によって生じている場合、面接室にこもって個人セラピーを行うだけでは不十分である。コミュニティが変化しなければ、また同じ問題が生起しかねない。それゆえ専門家・非専門家と連携しながら介入を行い、問題が発生しないようにコミュニティのあり方を変革していく支援（コミュニティ・アプローチ）が必要となる。

　筆者は縁あって、アドラー心理学とコミュニティ心理学の双方を学んできた。そのなかで、両者は全く異なる体系として生まれたが、互いの人間観・理論・実践方法に重なる部分が驚くほど多いと実感した。両者の類似性に関して、星（1995）が社会変革への志向性を、King & Shelley（2008）が予防の重視を指摘するが、それ以外にもいくつもの類似性が思い当たる。
　そこで、現代社会のさまざまな問題に対応できる心理的支援の方法を求めて、両者の共通点と相違点を検討し、統合的実践モデルである ACA の試案を作成するに至った。学生相談の現場に合わせて修正を加えた ACA の概念図を示す（図1）。

第4章　学生相談に生かすアドラー心理学

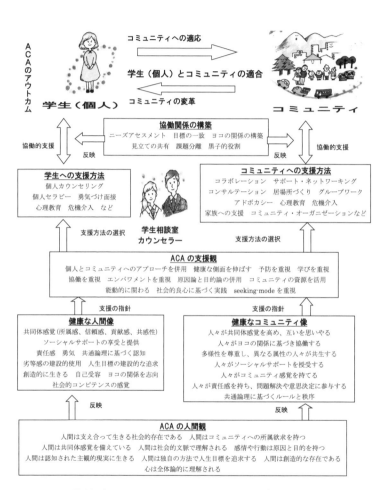

(図1) 学生相談におけるアドレリアン・コミュニティアプローチ(ACA)の概念図(箕口・浅井, 2016 を修正)

以下に ACA の全体構造の概略を説明する。モデルの詳細は箕口・浅井（2016）を参照されたい。

・学生相談における ACA が目指す究極的なアウトカムは、「学生（個人）とコミュニティの適合」である。これはコミュニティの幸福を無視して学生が自らの欲求を追求する状態でもないし、コミュニティの利益を優先して学生が無理や我慢を強いられる状態でもない。コミュニティに調和しながら、学生が自分らしく生きられる状態である。学生とコミュニティが互いを尊重し、対等な立場で協調する「ヨコの関係」とも言えるかもしれない。
　カウンセラーは、「コミュニティへの適応」と「コミュニティの変革」という 2 つの方向性で支援を行う。「コミュニティへの適応」は、学生の側に働きかけ、コミュニティに調和できるよう支援することである。「コミュニティの変革」は、学生の生活するコミュニティの側に介入し、生きやすいように変化させていくことである。実際には、2 つの方向性での支援が同時に行われることが多い。

・「ACA の人間観」は、アドラー心理学とコミュニティ心理学における人間理解の基本的前提である。「人間は支え合って生きる社会的存在である」「人間はコミュニティへの所属欲求を持つ」「人間は共同体感覚を備えている」「人間は社会的文脈で理解される」「感情や行動は原因と目的を持つ」「人間は認知された主観的現実に生きる」「人間は独自の方法で人生目標を追求する」「人間は創造的な存在である」「心は全体論的に理解される」の項目で構成される。これらの人間観は、ACA の実践を成立させる土台となる。

・「健康な人間像」は、アドラー心理学とコミュニティ心理学で「健康的」と見なされる人間（個人）のあり方である。「共同体感覚（所属感、信頼感、貢献感、共感性）」「ソーシャルサポートの享受と

提供」「責任感　勇気　共通論理に基づく認知」「劣等感の建設的使用」「人生目標の建設的な追求」「創造的に生きる」「自己受容」「ヨコの関係を志向」「社会的コンピテンスの感覚」の項目で構成される。

・「健康なコミュニティ像」は、アドラー心理学とコミュニティ心理学で「健康的」と見なされるコミュニティのあり方である。「人々が共同体感覚を高め、互いを思いやる」「人々がヨコの関係に基づき協働する」「多様性を尊重し、異なる属性の人々が共生する」「人々がソーシャルサポートを授受する」「人々がコミュニティ感覚を持てる」「人々が責任感を持ち、問題解決や意思決定に参与する」「共通論理に基づくルールと秩序」の項目で構成される。「健康な人間像」「健康なコミュニティ像」は、カウンセラーが個人やコミュニティの状態をアセスメントしたり、支援の方向性を設定する際の指針となる。

・「ACA の支援観」は、アドラー心理学とコミュニティ心理学の実践で鍵となる発想や実践の特徴である。「個人とコミュニティへのアプローチを併用」「健康な側面を伸ばす」「予防を重視」「学びを重視」「協働を重視」「エンパワメントを重視」「原因論と目的論の併用」「コミュニティの資源を活用」「能動的に関わる」「社会的良心に基づく実践」「seeking-mode を重視」の項目で構成される。これらはカウンセラーがどんなスタンスで活動すればよいかの指針となる。「ACA の人間観」「健康な人間像」「健康なコミュニティ像」と照合し、支援観の根底にある意図や原理をよく理解しておく必要がある。

「学生への支援方法」「コミュニティへの支援方法」「協働関係の構築」は、カウンセラーが実践場面で活用する具体的方法である。アドラー心理学とコミュニティ心理学の主な支援方法を導入した。こ

れらについては、学生相談の枠組みに合わせて修正を行ったので、以下に改めて説明する。

協働関係の構築

学生相談で学生やコミュニティに介入する前段階で必要となる、協働関係に関わる事項を整理した。以下に各項目を説明する。

・ニーズアセスメント

カウンセラーが介入・支援を行う前に、学生やコミュニティが何を求めているか、何に困っているか、何を必要としているかを明確化する「ニーズアセスメント」が不可欠である。ここでの「ニーズ」には、当事者が困って解決を求めている「主観的援助ニーズ」と、外部から見て支援が必要な状態にある「客観的援助ニーズ」がある。こうしたニーズを把握するために、目的論、不適切な行動の類型、ライフタスクの遂行状況、ライフスタイル、共同体感覚、劣等感などのアドレリアン概念は役に立つと思われる。

・目標の一致

学生やコミュニティを支援する場合、初期段階で何を支援の「目標」とするかを話し合って合意する。そして目標の達成に向けて各々が役割を果たし、協働していく。目標の一致を怠ると、やがて抵抗が生じて支援プロセスは停滞する（Dreikurs, 1997）。

ライフタスクに圧倒されていたり、問題に向き合うことを回避し、すぐには目標を想像したり決められない学生もいる。その場合は無理強いせず、勇気づけと関係づくりに徹する。学生が安心して目標を検討できるよう、準備を整えるのが当面の「目標」となる。

第4章　学生相談に生かすアドラー心理学

・ヨコの関係

　目標の一致を前提に、相互尊敬・相互信頼に基づき協働する「ヨコの関係」を構築する。カウンセラーと学生という社会的立場の違いはあっても、相手に敬意を払い、「同じ人類の仲間」という共同体感覚に基づいて、対等で人間的な関係を築こうとする。ヨコの関係で協働するプロセスは、当事者の共同体感覚の発達をもたらす。

・見立ての共有

　協働の前提として、対象者をどう理解するかという「見立て」を仮説として提示し、人々と共有することが大切になる。学生とのカウンセリングやセラピーでは、カウンセラーが状態像をアセスメントし、学生による修正を受け入れる余地を残しながら見立てを開示する。見立てに学生が同意すれば、目標に向けて協働的な支援が本格的に開始される。また、教職員と協働して学生を支援する場合は、カウンセラーが学生に関する「見立て」を伝え、チームで検討しながら修正していく。さまざまな立場の関係者から学生に関する意見や情報が出ると、より多面的で妥当性の高い仮説を生成できる。こうした過程を経て、学生への支援方針が共有される。

　ACA では「行動がどこから生じたか」を問う「原因論」と、「行動がどこに向かっているか」を問う「目的論」を併用するので、幅広い介入が可能になる。すなわち問題を生じている「原因」を明確化し、その解決に向けて介入できる。また学生が向かう「目標」を明確化して、建設的な代替案を検討もできる。こうした見立ては比較的シンプルで非専門家にも理解しやすく、支援方法を案出しやすい点でも多職種間の協働に役立つ。

83

・課題分離

　学生のライフタスクに取り組む責任は、本人が負うと見なす。もし学生が遂行すべきライフタスクをカウンセラーが肩代わりすると、その主体性と解決力を奪ってしまう。そうした事態に陥らないよう留意しつつ、カウンセラーは学生が建設的にライフタスクに取り組むのを応援し、勇気づけようとする。

　この「課題分離」の考え方は、大学・家族などのコミュニティを支援する場合にも当てはまる。もしコミュニティが取り組むべきタスクをカウンセラーが無自覚に引き受けると、結果的にコミュニティに内在する解決力や支援力を低減させかねない。そのため、側面からコミュニティの取り組みを支援する「黒子的役割（山本, 1986）」をとり、コミュニティの主体性と解決力をエンパワーする姿勢がカウンセラーに求められる。

学生相談における学生（個人）への支援方法

　カウンセラーが個々の学生に介入し、大学や家庭などのコミュニティに適応できるよう協働的に支援する方法である。以下のような支援方法がある。ただし、コミュニティへの適応援助だけに目を向けると、学生の生きにくさを招いているコミュニティの問題や病理を見過ごしてしまう。双方への目配りに留意したい。

・個人カウンセリング、個人セラピー

　アドレリアン・カウンセリングとセラピーは、「関係づくり」「アセスメント」「目標開示」「再方向づけ」の4段階で構成され、各段階でさまざまなアドラー心理学の技法が用いられる（Dreikurs, 1967）。どちらもクライエントの問題解決、自己洞察、悩みや苦痛の軽減だけを目指すのではなく、同時にライフタスクに取り組む勇気

と共同体感覚を高め、他者や社会と調和して生きられるよう支援する。

　アドレリアン・カウンセリングは問題志向の短期的な支援であり、認知的リフレーミングや代替行動の案出により、悩みや困難をどう解決するかに焦点を当てる。アドレリアン・セラピーはより長期的な支援であり、問題を生み出すライフスタイルへの深い洞察と変容までを志向する。もっとも実際の支援では、両者の境界はそれほど明瞭ではない。

　筆者の学生相談では、短期的・問題解決的なカウンセリングを求められることがほとんどである。とはいえ、もし自分のライフスタイルにじっくり向き合いたい学生がいれば、「ライフスタイル・アセスメント（Shulman & Mosak, 1988）」を用いた長期的で洞察志向のセラピーも実施できる。このようにアドラー心理学は複数の支援モデルを有するため、臨床現場や学生のニーズに応じた柔軟な関わりが可能である。

・勇気づけ面接

　学生相談室を訪れる学生は、特定の問題や悩みの解決を求めていると限らない。例えば継続的に来室し、近況報告や他愛のない世間話、あるいは趣味の話や哲学的な人生問答をしていく学生もいる。

　そうした学生の背景はさまざまだが、大学内に心を許せる友人がいなかったり、落ち着ける場所がないと感じていることが多い。何をしたいかが定まらず、充実感や未来の展望を得られずに苦しんでいたり、精神疾患や発達的な問題を抱える学生もいる。彼らは総じて勇気を挫かれたり、何らかの「生きづらさ」を感じていると言える。こうした学生には、カウンセリングと異なるモードで対応する。洞察や行動の変化を主目的とせず、年上の仲間のような態度で学生の

話に付き合う。卒業まで会い続ける学生もいれば、やがて生きがいを見つけたり友人ができて、相談室から足が遠のく学生もいる。

筆者はこうした関わりを、「勇気づけ面接」あるいは「居場所面接」と称し、学生相談の重要な機能と考える。カウンセリングやセラピーとは言えなくても、相談室の場と継続的にカウンセラーと話すことが所属欲求の充足や自己肯定感の高まりをもたらし、ひいてはライフタスクに取り組む「勇気」を喚起する。そこにアドラー心理学が磨いてきた「勇気づけ」の発想や方法を大いに活用できよう。

・心理教育

個人面接またはグループ形式により、カウンセラーは学生に心理教育を実施できる。心理教育の目的は、ライフタスクに取り組むために活用できるリソースを増やし、学生の主体性・創造性を高めることであろう。知識や対処法を学んで問題解決の選択肢が豊かになれば、自信や余裕が生まれ、メンタルヘルスの増進につながる。

学生のニーズに応じて、多様な心理教育の方法を利用できる。例えば対人関係スキルを育てるには、傾聴訓練、アサーション、社会的スキル訓練、リーダーシップ訓練、勇気づけプログラムなどがある。ストレス・マネジメント法には、自律訓練法、マインドフルネス瞑想、運動やボディワーク、アートセラピーなどがある。認知行動的な心理教育には、認知行動療法の原理とホームワーク、森田療法の理論と日記法、当事者研究、アンガー・マネジメント、ありがとう療法などがある。

上記には、アドラー心理学に由来しない心理教育もある。とはいえその基本前提に抵触しない限り、アドラー心理学は他学派の方法を取り入れることを推奨してきた（Maniacci, Shulman, Griffiths, et .al, 1998）。そうした折衷的スタンスに立つことで選択肢が増え、カ

第4章　学生相談に生かすアドラー心理学

ウンセラーは学生のニーズに合った方法を選択できるようになる。

・危機介入

　危機介入は、日常生活で危機に直面した個人が心のバランスを回復できるよう、即応的に支援することである。学生相談でも自殺念慮、自殺企図、急性期の精神疾患、暴力、ハラスメント、犯罪、事故、災害などに関わる事例では、しばしば危機介入的な関わりが必要となる。

　危機介入は内面に深く入って面接を重ねるのではなく、現実的・具体的な目標を設定し、短期に終結する相談活動である（吉武, 2007）。アドレリアン・カウンセリングも能動的・短期的・未来志向の支援によりコミュニティへの適応を促進するため、危機介入に適していると思われる。また危機状態では情緒的に混乱したり周囲からの孤立感を抱きやすいため、勇気づけ、所属、共同体感覚の促進などの概念は有用だろう。

学生相談におけるコミュニティへの支援方法

　カウンセラーがコミュニティに働きかけて、その調整や変革を通して学生を支援する方法である。以下のような支援方法がある。

・コラボレーション

　「コラボレーション」とは、「さまざまな問題の解決に向けて、専門家・非専門家が相互に対話を重ねながら、共通の目標、見通し、社会資源および責任など共有する活動（高畠, 2011）」である。学生相談では、学生のニーズに応じて大学内外の関係者とコラボレーションをする必要がある。例えば大学の学生課・教務課・キャリアセンター・医務室などの職員、教務部長・学生部長・学部長などの

管理職、ハラスメント相談員、学生に関わる教員、保護者、学生が通う医療機関・相談機関などである。カウンセラーはチームの一員として、互いの専門性を尊重し、情報を共有しながら目標に向けて協働する。

・サポート・ネットワーキング

「サポート・ネットワーキング」は、大学の教職員、保護者、友人、医療機関など、周囲の人々によるソーシャルサポートを活用し、学生を支援する方法である。「既存のネットワークからサポートを引き出す」「新しいサポート源をクライエントにつなぐ」「新しいサポート源をつくる」「サポートネットワークを調整する」という4つの方法を丹羽（2006）は提示している。学生は適切なサポートを受けるとともに、支援者のネットワークに守られている安心感や所属感により勇気づけられる。

・コンサルテーション

「コンサルテーション」は心理専門家であるコンサルタントが、異なる領域の専門家であるコンサルティの問題解決に協力するプロセスである。悩みや問題を抱えていても自発的に援助を求めなかったり、周囲が援助を受けるよう勧めても、拒み続ける学生は少なくない。カウンセラーがそうした学生と面接できなくても、日頃から学生と接する教職員や保護者にコンサルテーションを行い、間接的に学生を支援できる。

短期的で問題解決志向の協働関係であるコンサルテーションに、アドラー心理学の理論と技法は相性がよい。「アドレリアン・コンサルテーション」の方法論も体系化されており（Kern & Mullis, 1993）、学生相談にも活用できよう。これは「面接の構造化と関係の構築」「ア

セスメント」「目標の開示」「介入」「結果の評価」という5段階で構成される。コンサルタント（カウンセラー）とコンサルティ（教職員）は協働関係を構築し、学生の行動の意味、あるいは学生とコンサルティの相互作用を目的論的に分析するとともに、双方の勇気づけや共同体感覚の促進につながる方向で解決策を検討していく。

・居場所づくり

　大学内で親しい人間関係を形成できず、孤独感を抱く学生は少なくない。逆に仲間との関わりやキャンパスの喧騒に疲れ、落ち着ける場所を求める学生もいる。そうした学生に向けて、自由にくつろげる「憩いの場」的なスペースを相談室に併設している大学もある。そこに集う学生の間に交流が生まれると、所属欲求の充足と仲間づくりにつながるだろう。また学生は他者と関わらずに、自分のペースで過ごすこともできる。カウンセラーはそこでファシリテーター役割を担い、学生がありのままの自分でいられる雰囲気を醸成したり、学生間の肯定的な相互作用を促進する。

・グループワーク

　「グループ」はそれ自体が認知・感情・行動的側面に治療的に働くことから（Corsini & Rosenberg, 1955）、さまざまなスタイルのグループワークやグループカウンセリングが考案・実践されてきた。学生相談においても、学生のニーズに応じて機会を設けてグループワークを実施できよう。例えば入学期の仲間づくりを目的に、レクリエーション的なグループワークを行う。「対人関係」「進路」など、共通する悩みや関心を持つ学生を集めて話し合う。「清掃」「地域貢献」「キャンパス探索」など、課題志向のグループ活動を行う。夏休みなどに希望者を募り、自己成長を目的にエンカウンターやTグループ

を行うなどである。

　グループで対話や活動を共にするうち、居やすい雰囲気と肯定的な相互作用が生まれ、学生は共同体感覚の基盤となる所属感や貢献感を持てるようになる。グループに仲間ができると、ひいては大学コミュニティへの適応感も高まるだろう。

　これまでアドラー心理学では、話し合いによるグループカウンセリング（Sonstegard, 1998）、親教育グループ（Dinkmeyer, 1973）、クラス会議（Edwards & Mullis, 2003）など、多様なグループワークを展開してきた。こうした実践をリソースとして、学生相談の場に適した方法を工夫できよう。

　・アドボカシー

　「アドボカシー」はコミュニティ心理学の実践方法であり、特定の問題を抱えた当事者への権利擁護と政策提言を意味する（高畠, 2006）。大学コミュニティには心身の疾患や障害を抱えていたり、社会的マイノリティに属する学生も在籍する。マイノリティの学生は周囲の無理解、偏見・差別、制度の不備などにより不利益を被りやすい。それゆえ学生相談において、学生や教職員を心理専門家の立場から啓発し、当事者の権利を守ろうとするアドボカシー活動は重要と思われる。

　Adler は人々が対等に生きられる社会を構想し、労働環境の改善、男女平等、子どもの教育などへの提言を行ってきた（Ellenberger, 1970）。こうした社会運動の性格を受け継ぐアドラー心理学の実践は、アドボカシー概念とよく適合する。

　・心理教育

　学生や教職員が心理教育を受けられる機会を設け、学生のメンタ

第 4 章　学生相談に生かすアドラー心理学

ルヘルス増進や不適応の予防を図ることはカウンセラーの重要な役割となる。こうした心理教育の媒体としては、学生向け・教職員向けに発行するニューズレター、学生相談室のホームページ、授業、講演会、研修会などがある。

　まず学生に対しては、自分の心を守る「セルフケアに向けた心理教育」と、学生同士で支え合う「ピアサポートに向けた心理教育」を提供できる。

　「セルフケアに向けた心理教育」では、精神疾患や不適応を含むメンタルヘルスの基礎知識、さまざまなストレス・マネジメント法、アサーションなどのコミュニケーション・スキルを教えられる。アドラー心理学はセルフケアに活用できる発想や方法の宝庫なので、ここに導入できる。この他に学習意欲、進路選択、アイデンティティ、家族関係、友人関係、恋愛、スポーツ心理学、いじめ、差別、異文化理解、ネットとの付き合い方、カルトや悪徳商法など、大学生活に役立つ幅広い心理学的知見を提供することも、学生のニーズに合致する。

　「ピアサポートに向けた心理教育」では、学生間の相互援助を促進するために、アドラー心理学が長きにわたり培ってきた「勇気づけ」の発想と方法を導入できる。学生が日常的に授受するピアサポートはメンタルヘルスを保つために大切な役割を担っている。「勇気づけ」の心理教育により学生の支援力をさらに高められるなら、大学コミュニティに予防的風土を浸透させるために有意義であろう。筆者は「勇気づけ」をもたらす関わりの態様と、「勇気づけ」が生じるメカニズムを明確化する研究を行ってきた（浅井，2013）。そこで得られた知見を生かして、微力ながら学生間のピアサポートに貢献したいと考えている。

　教職員に対しては「学生支援に向けた心理教育」を実施し、支援

力を促進できる。そこでは学生のメンタルヘルスに関する知識、学生の心理をどう理解するか、学生への支援方法などの内容を取り上げられよう。特に教職員も学生支援の方法として「勇気づけ」を学ぶことが役立つ。

　勇気づけの心理教育では、その「思想」「態度」「技術」を、いずれかに偏ることなく伝える必要があろう。勇気づけの「思想」とは、根底にあるアドラー心理学の基本前提や人間観を理解するとともに、「勇気づけとは何か？」「なぜ勇気づけが必要なのか？」について明確な信念を持つことである。「態度」とは、「同じ人類の仲間」という共同体感覚から生まれる共感、敬意、愛他性、対等性、協働など、勇気づけで不可欠となる姿勢である。「技術」とは、相手や状況の的確なアセスメントと、それに基づく具体的な関わり方、言葉の使い方などのスキルである。「思想」「態度」「技術」は歯車のように連動し、どれか１つが欠けても勇気づけの実践は難しくなる。「技術」だけで勇気づけができると考える人もいるが、根底にある「思想」「態度」から自然に滲み出すような「技術」でなければ、悩みや生きづらさを抱えた相手の心に響かないだろう。

・危機介入

　カウンセラーだけで危機状態に陥った学生を支えるのは困難である。危機介入では大学の各部署、教員、管理職、保護者、医療機関など、学生を取り巻く内外の関係者と支援チームを形成する必要がある。そうした協働的な支援体制のもと、危機状況を改善するための即時的な介入方略を立案・実行する。つまり危機介入では、学生がコミュニティに適応できるよう支援する介入と、学生を支えるコミュニティ体制の構築が同時に行われる。

　アドラー心理学の概念や発想は、チームでの危機介入に役立てら

第4章 学生相談に生かすアドラー心理学

れる。例えば目的論、認知論、対人関係論、ライフタスクなどの概念は、危機状態にある学生の見立てに活用できる。明確で分かりやすい仮説を生成できるので、心理専門家以外とも共有しやすい。また、勇気づけや共同体感覚などの概念は、学生への支援目標を検討する上でも有用である。

・家族への支援

学生との個人面接が難しい場合でも、家族カウンセリング（Abramson, 2007）や親コンサルテーション（Carlson, 1969）によって家族を支援できる。カウンセラーはこれでの家族の苦労や努力をねぎらいつつ、利用可能な社会資源について情報提供をしたり、心理教育を行ったり、解決に向けた代替案を協働的に検討できよう。アドラー心理学の親教育で使われる方法は、家庭での学生との関わり方を考えてもらう上でも有用である。

学生の抱える問題について、多くの家族はどう理解・解決できるのか分からず、勇気を挫かれている。それゆえこうした支援は、家族にとって勇気づけや荷下ろしとして重要である。家族に視野の広がりや心理的余裕が生まれると、家庭内のコミュニケーション・パターンが変化し、学生にも肯定的な影響をもたらしうる。

・コミュニティ・オーガニゼーション

「コミュニティ・オーガニゼーション」には、研究データに基づく提言、サービスプログラムの開発・運営、コミュニティ設計への参画などの活動が含まれる。Adler 自身もウイーンに複数の児童相談クリニックを設立し、専門家・非専門家と協働しながら子どもの成長を支援した（Hoffman, 1994）。彼はまさに、「コミュニティ・オーガナイザー」の役割を担っていた。

学生相談における「コミュニティ・オーガニゼーション」には、例えば次の活動がある。管理職と協働し、大学コミュニティにおける学生相談室の位置づけ、機能、活動方針などを定める。学生のメンタルヘルスという視点から大学運営に参画したり、大学に対して施策や方針を提言する。

　学生の心理的問題や不適応を予防し、成長を促進する大学コミュニティを構築するために、「勇気づけ」「所属欲求の充足」「共同体感覚の促進」「ヨコの関係」など、アドラー心理学の概念と方法を役立てられよう。

おわりに

　本稿では大学生が経験するライフタスクを描き出すとともに、アドラー心理学とコミュニティ心理学を統合した実践モデルである「アドレリアン・コミュニティアプローチ（ACA）」を用いて、学生相談における支援の発想と方法を提示した。臨床現場では道に迷いそうになることも度々だが、筆者はこのモデルにより、学生理解と実践の方向性を指し示す心強い地図を得たように感じる。

　もっとも、このモデルは臨床現場からボトムアップ的に生成したものではなく、アドラー心理学とコミュニティ心理学の比較をもとに構築した試案である（浅井・箕口，2016）。したがって、今後は学生相談の実践を重ねてモデルに修正を加えながら、有用性を高めていく必要がある。

【文献】

Abramson, Z.（2007）Adlerian family and couples therapy. *Journal of*

Individual Psychology, 63（4），371-386.

Adler, A.（1931）*What life should mean to you.* Little Brown.（岸見一郎 訳
（2010）人生の意味の心理学．アルテ．p.10）

Adler, A.（1954）*Understanding human nature.* Fawcett.（岸見一郎 訳
（2008）人間知の心理学．アルテ．p.129）

Adler, A.（1957）The progress of mankind. *Journal of Individual Psychology,*
13（1），9-23.

安藤延男（2009）コミュニティ心理学への招待──基礎・展開・実践. 新曜社.
p.3

浅井健史（2013）「勇気づけ」をもたらす非専門家の関わり──エピソード
の分析による態様とプロセスの検討. 日本コミュニティ心理学会第 16
回大会発表論文集，98-99.

浅井健史・箕口雅博（2016）コミュニティ心理学とアドラー心理学の
比較検討. 箕口雅博（編）コミュニティ・アプローチの実践──連携
と協働とアドラー心理学 268-281. 遠見書房.

Carlson, J.（1969）Case analysis: Parent group consultation. *Elementary
School Guidance and Counseling,* 4（2），136-141.

Corsini, R.J. & Rosenberg, B.（1955）Mechanisms of group psychotherapy:
Processes and dynamics. *Journal of Abnormal Psychology,* 51（3），406-
411.

Dinkmeyer, D.（1973）The parent "C" group. *Personnel and Guidance
Journal,* 52（4），252-256.

Dreikurs, R.（1967）*Psychodynamics, psychotherapy, and counseling: Collected
papers.* Alfred Adler Institute. p.5

Dreikurs, R.（1997）Holistic medicine. *Individual Psychology,* 53（2），
127-203.

Edwards, D. & Mullis, F.（2003）Classroom meetings: Encouraging a climate
of cooperation. *Professional School Counseling,* 7（1），20-28.

Ellenberger, H.（1970）*The discovery of the unconsciou : The history and evolution of dynamic psychiatry.* Basic Books.（木村敏・中井久夫 監訳（1980）無意識の発見——力動精神医学発達史 弘文堂. p.220）

Erikson, E.H.（1982）*The life cycle completed: A review.* Norton.（村瀬孝雄・近藤邦夫 訳（1989）ライフサイクルその完結. みすず書房. p.96）

Fromm, E.（1956）*The art of loving: An inquiry into the nature of love.* Harper.（懸田克躬 訳（1959）愛するということ 紀伊国屋書店. p.63）

Hoffman, E.（1994）*The drive for self: Alfred Adler and the founding of Individual Psychology.* Addison-Wesley.（岸見一郎 訳（2005）アドラーの生涯. 金子書房. P.169）

星一郎（1995）アドラー心理学とコミュニティ心理学. 山本和郎・原裕視・箕口雅博・久田満（編）臨床・コミュニティ心理学——臨床心理学的地域援助の基礎知識 100-101. ミネルヴァ書房.

岩田淳子（2010）学内連携に求められる援助者のありかた. 大学と学生, 84, 13-20.

Kern, R.M. & Mullis, F.（1993）An Adlerian consultation model. *Individual Psychology,* 49（2）, 242-247.

King, R.A. & Shelley, C.A.（2008）Community feeling and social interest: Adlerian parallels, synergy and differences with the field of community psychology. *Journal of Community & Applied Social Psychology,* 18（2）, 96-107.

Maniacci, M.P., Shulman, B., Griffith, J., Powers, R.L., Sutherland, J. & Dushman, R.（1998）Early recollections: Mining the personal story in the process of change. *Journal of Individual Psychology,* 54（4）, 451-479.

箕口雅博・浅井健史（2016）コミュニティ心理学とアドラー心理学を統合した心理援助モデルの構築. 箕口雅博（編）コミュニティ・アプローチの実践——連携と協働とアドラー心理学 282-297. 遠見書房.

第4章 学生相談に生かすアドラー心理学

丹羽郁夫（2006）サポート・ネットワーキング．植村勝彦・高畠克子・
箕口雅博・原裕視・久田満（編）よくわかるコミュニティ心理学
102-103．ミネルヴァ書房．

Shulman, B.H. & Mosak, H.H.（1988）*Manual for life style assessment.*
Accelerated Development.（前田憲一 訳（2000）ライフ・スタイル診断．
一光社．p.105）

Sonstegard, M.A.（1998）The theory and practice of Adlerian group-
counseling and psychotherapy. *Journal of Individual Psychology,* 54
（2），217-250.

高畠克子（2006）アドボカシー．植村勝彦・高畠克子・箕口雅博・原裕視・
久田満（編）よくわかるコミュニティ心理学．42-43．ミネルヴァ書房．

高畠克子（2011）コミュニティ・アプローチ（臨床心理学をまなぶ5）．
東京大学出版会．p.89

鶴田和美（2002）大学生とアイデンティティ形成の問題．臨床心理学，
2（6），725-730.

山本和郎（1986）コミュニティ心理学――地域臨床の理論と実践．東京大学
出版会．p.69

吉武清實（2007）危機介入とコンサルテーション．植村勝彦（編）コミュ
ニティ心理学入門 95-117．ナカニシヤ出版．

第5章　専門学校のスクールカウンセリングにおける
アドラー心理学の活用

橋本　江利子

　現在私は、専門学校2校でスクールカウンセラーをしております。この章では、アドラー心理学を専門学校のスクールカウンセリングにどのように活用しているかをご紹介させていただきます。

専門学校とは

　まず、専門学校について、簡単にご説明します。専門学校は、「実践的な職業教育を行う教育機関」です。高度な専門的技術・技能を学ぶことができる為、確実に就職したい人や手に職をつけたい人に人気です。平成25年度学校基本調査によると、就職率は79.7%と、短大73.5%、大学67.3%を上回り、高い就職率や資格取得率が強みです。入学には、高校（または3年制高等専修学校）の卒業資格が必要であり、大半は高校卒業と同時に入学してきますが、短大・大学の卒業者や、社会人経験者も少なくありません。修学年数は、学校や専門課程によって1年制から4年制まであり、学習時間や内容に応じて「専門士」「高度専門士」の称号が与えられます。専門学校の種類は、看護・福祉・保育・教育・美容・ファッション・アパレル・エアライン・ホテル・ブライダル・製菓・動物・音楽・声優・芸能・デザイン・インテリア・マスコミ・映像・アニメ・漫画・ゲーム・IT・法律・電気・電子・自動車・語学など、多岐にわたります。

カウンセリングに来る生徒の様子

相談内容

では、カウンセリングに来る生徒はどのような悩みを抱えているのでしょうか？ 悩みを「ライフタスク」という視点でとらえると、問題が整理しやすくなります。

ライフタスクとは、私たちが人生で直面しなければならないさまざまな課題のことです。アドラーは、このライフタスクを仕事・交友・愛の３つのタスクに分類しました。簡単にまとめると、以下の通りです。

　　仕事のタスク……役割・義務・責任が問われる生産活動への取
　　　　　　　　　　り組み
　　交友のタスク……身近な他者とのつき合い
　　愛のタスク……カップルを基本とし、親子も含めた家族の関係
　　（岩井, 2014）

専門学校生にとって、『仕事のタスク』は主に学業・学校・アルバイト、『交友のタスク』は友人・クラスメイト・教員との関係、『愛のタスク』は、親子関係・家族関係・恋愛となります。では、相談内容をライフタスク別に見てみましょう（ここでは、『仕事のタスク』は学業・学校、『交友のタスク』はクラスメイト、「愛のタスク」は親子関係に絞って紹介しています）。

（1）「仕事のタスク～学業・学校」について
　・適性に自信が持てない　・専門課程の勉強を好きになれない　・専門課程が自分に合わないと感じる　・授業についていけない　・実技をうまくこなせない　・職場実習が不安　・就職が不

安　・就職をどうするか　・学校に来ようとすると体調が悪くなる

　専門学校では、入学後すぐに専門科目の授業が始まります。実習
や実技も多く『仕事のタスク』は決して楽ではありません。最初は、
専門用語が覚えられなかったり、手や身体が思うように動かないこ
とがほとんどです。一度つまづいてしまうとその先の授業について
いくことが難しくなるため、時間をやりくりして授業以外の時間で
練習したり課題をこなす必要もでてきます。それでも、ほとんどの
生徒は着実に知識と技能を身につけていきます。ですが、いざ入学
してみたものの、適性のなさを感じたり、専門課程を好きになれな
いと、専門科目授業が多いだけに苦労が多くなります。担任や友達
に相談したりサポートしてもらったり、どうにか折り合いをつけな
がらやっていく生徒も多いですが、学校をやめることを考え始める
生徒もいます。とはいえ、話は簡単ではありません。まず、親がそ
うそう許してはくれませんし、それ相応の入学金・授業料を払って
もいますし、なによりも就職が圧倒的に不利になります。正社員を
目指すなら、別の学校に入りなおすのか独学で資格を取得するのか
など、次の進路を考えなければなりません。専門技術を身につけて
自信を持って社会に出ていくはずの将来像がくずれ、先の見えない
不安と焦りが膨らみます。この時、親が真剣に相談に乗ってくれな
かったり、親に言い出せなかったりすると、ますます苦しい状況に
追い込まれていくことになります。『仕事のタスク』で相談に来ても、
このように『愛のタスク』の問題が、背後にあることは多いです。
また、わからないことをクラスメイトに聞きづらいとか、自分の発
言をちゃかすクラスメイトがいるなど『交友のタスク』の問題があ
る場合もあります。

100

第5章　専門学校のＳＣにおけるアドラー心理学の活用

(2)「交友のタスク〜クラスメイトの関係」について

　・クラスに居場所がない　・クラスの雰囲気になじめない　・人間関係に疲れる　・仲の良い友人ができない　・言動のきつい人がいる　・グループワークで発言できない　・グループ実習でうまくコミュニケーションがとれない　・人との距離の取り方がよくわからない　・傷つくようなことをSNSで書かれた　・友達に本音を言えない　・ホントの自分を出せない　・求められるキャラと実際の自分にギャップがある

　アイデンティティの確立があいまいな二十歳前後の年代において、『交友のタスク』に悩まない生徒はいないでしょう。授業は、クラスごとに決められた時間割に沿ってクラス単位で受けることが多く、１日のほとんどをクラスメイトと過ごします。サークル活動などは、中学・高校・大学のように盛んではない為、クラスメイトとうまくやっていけるかどうか、クラスになじめるかどうかは学校生活を左右する大きな問題です。

　専門学校は、どの専門課程を選ぶかによって、クラスの雰囲気はかなり異なる為（たとえば美容系、福祉系、IT系では、生徒やクラスの雰囲気が違うことは容易に想像がつくと思います）、本人の意思ではなく、親の勧めで専門課程を選んだ場合などは特に、クラスになじめないということが起きがちです。クラスに居場所を感じることができないと、学校に来ることそのものが苦痛になってきます。

　中学・高校で『交友のタスク』の問題にぶつかり、克服への適切な努力や対処がなされないまま問題を先送りしてきた場合は、やや深刻です。同年代と接することへの不安が極度に強くなっているからです。クラスメイトの言動や自分への反応に過剰に敏感になり、教室にいること自体に緊張を強いられます。のびのびと明るく楽し

101

そうなクラスメイトには、劣等感を刺激されます。劣等感を隠すために、ひたすら自分を抑えて相手に合わせたり、明るいキャラを演じたりして無理を重ねるうちに、『交友のタスク』が負担になってきます。そうなると、勉強はしたいけど学校には来るのはつらいとのジレンマが生まれます。

　もちろん、中学・高校で乗り越えられなかった『交友のタスク』を克服し、成長していく生徒もいます。『愛のタスク』や 担任・教員との『交友のタスク』がうまくいっていれば、クラスメイトとの『交友のタスク』の問題は、一時的にはつらくても乗り越えていけるように思います。

　(3)「愛のタスク〜親子関係」について
　・両親の言い争いやケンカ　・暴言　・言うことがコロコロ変わる　・教材費を出してくれない　・否定される　・自分の意見に耳を傾けてくれない　・理想を押しつけられる　・心配症で帰る時間などにうるさい　・過干渉　・家事をしない　・精神疾患　・離婚により精神的に余裕がない

　『愛のタスク』の問題の背後には、親自身のタスクの問題があるといえます。親が『仕事のタスク』に精いっぱいだったり、重きを置きすぎたりして『愛のタスク』がおろそかになっている場合もあれば、親自身が自分の親や配偶者との間に『愛のタスク』の問題を抱えている場合もあります。

　これまでさほど『愛のタスク』に問題を感じてこなかった生徒が、専門学校でこの問題にぶつかるケースも多いです。先に書いたように、専門学校は就職率が高いので、生徒も親も卒業後の「就職」を視野に入れて入学してきます。その期待は、生徒よりも親の方が強

第5章　専門学校のＳＣにおけるアドラー心理学の活用

いと言えます。親の期待と子ども当人の意識にギャップがあるのは親子関係の常かもしれませんが、子育てのゴールともいうべき「就職」となると、それまでとは質が異なってきます。親としては、ゴールまであと一息、早くほっとしたい心境です。しかし生徒にとって「就職」は、学校という枠の中の「生徒」というアイデンティティを失い、『社会人』というひとりの大人として生きていくことを意味します。社会人として責任あるふるまいをすること、仕事を的確にこなすこと、職場できちんと評価されること、経済的に自立すること……。多くの生徒にとってそれは、人生で初めて感じる大きなプレッシャーです。　そんな時、生徒が必要とするのは、社会に出ていくことへの希望であり自信です。社会への第一歩を踏み出すために、親から勇気を与えてほしいのです。その為、就職への不安を聞いてもらえなかったり、真剣に相談にのってもらえなかったりすると、それまで考えることもなかった「親にとって、自分はいったい何なのだろう」という親への疑念や不信感が生まれてしまうのです。

　また、『愛のタスク』に問題をかかえていると、『交友のタスク』にも問題が生じがちです。たとえば、幼い頃から『愛のタスク』の問題を抱えた同士が「大人はわかってくれない。分かり合えるのは私たちだけ」と、密接な関係を作ることがあります。ですが、周囲への信頼感や所属感を欠いた排他的な関係は、その関係が崩れた時、よりいっそうの孤独感を強めるものとなります。『愛のタスク』という大きな課題の前には、同年代の友人には、適切な支援や解決策が見いだせることは少ないと思われますが、担任や高校時代の恩師などとも『交友のタスク』がうまく保たれていると、苦しいながらもたくましく生きていけるように思います。

103

心身に現れる症状

　問題をうまく乗り越えることができないと、心や身体になんらか
の症状が現れてきます。たいていは複数の症状を抱えており、どの
症状も長びくと登校に支障が出てきます。登校が困難になった場合、
中学は保健室登校、高校は他校への編入などにより卒業が可能です
が、専門学校ではそうもいきません。授業を規定数以上欠席すると、
進級や卒業が難しくなる為、症状が深刻化・長期化すると不本意な
退学に至るケースもあります。　症状としては、次のようなものがあ
ります。

　・過呼吸　・パニック発作　・頭痛　・腹痛　・吐き気　・朝起き
られない　・夜眠れない　・寝すぎる　・過食　・だるい　・気力が
でない　・集中力がない　・死にたくなる　・消えたくなる　・落
ち込みやすい　・常に憂鬱感がある　・気分の上下が激しい　・リ
ストカット　・時々記憶がなくなる　・激しくキレてしまうことが
度々ある　・理由なく涙が止まらなくなるなど

支援の方向性の考え方

　アドラー心理学では、支援の方向性を見出す為に「症状の目的は
何か」「その相手役は誰か」を考えます。つまり、「症状を通して、
生徒はいったい誰に何を訴えたいのか」を考えるのです。この視点
を持つと、症状や原因捜しに振り回されずにすみます。先のような
症状は、生徒の弱さや甘えと思われがちですが、そうとらえてしま
うと適切な支援はできません。

　すべての人間行動には、目的があります。ただし、行動の目的

は無意識的なものであることが多いのです（野田，1986）

　常に他者との関係において人間関係を理解しなければなりません。人間の行動は、いつでも他者に向けられています。人間のあらゆる行動には、その行動が向けられる特定の相手の人間（相手役）がいます（野田，1986）

　では、先に挙げた症状にどんな目的が考えられるでしょうか。まずは、学校で何かしらストレスになることを避けたいのではないかと考えることができます。または、卒業後の就職や社会人になることを避けたいのかもしれないとも考えられます。あるいは、なんらかの配慮や支援を求めているのかもしれませんし、自分の気持ちに気づいてほしいのかもしれませんし、今の状況や待遇を改善してほしいのかもしれません。早急に決めつけることなく、いくつもの可能性を推測しながら、相手役を考えていきます。相手役として、最初に思い浮かぶのは、クラスメイト、担任、担任以外の教員などですが、それは学校内の誰かとは限りません。学校外の友人や彼氏彼女、親や兄弟なども考えられます。そのように推測していくと、症状は「気持ちや要望を伝える適切な方法を知らない為に起きているのだろうか」「伝えることに恐れを持っている為だろうか」「誰かの期待に応えられない不安があるのだろうか」などと考えることができます。

　これまでの経験から、症状が重い、長引く、何度も繰り返すといった場合、相手役は親であることが圧倒的に多いと感じます。親に対して『愛のタスク』に真剣に取り組んでほしいと、全身で訴えているように思われてなりません。このような生徒は、親から図らずも勇気をくじかれてきているのですが、多くの親はそのことに気が付きません。親が気づいて、『愛のタスク』に取り組んでくれさえす

ればと思うのですが、義務教育でもない専門学校で、親へのアプロー
チには限界があり難しいのが現状です。とはいえ、不可能ではあり
ません。担任からの連絡で親御さんが来校くださった際に、親御さ
ん・生徒・主任・担任の面談の場に私も同席させて頂いたことがあ
ります。その時親御さんが生徒の気持ちに気づいて「お母さんの言
葉に傷ついてたのね。気が付かなかった。ごめんね」と生徒に伝え
たことがありました。『愛のタスク』に向き合うには、親にも勇気が
必要です。このような場面で「ごめんね」と素直に言うことのでき
る親御さんの姿に、深く感動したことを覚えています。なお、この
ケースでは以前から担任は生徒と面談を重ね、親御さんとも連絡を
取りあっていました。私の勤務する学校は「（生徒の可能性を）あき
らめない教育」との理念の元、先生は生徒への支援を惜しまないと
いう背景があったことを念のため申し添えておきます。

カウンセリングの一場面

　専門学校では、アドラー心理学に基づく簡易カウンセリングを踏
まえて、短期集中型の指示的カウンセリングをすることが多いです。
登校が困難な生徒などは、早くなんとかしないと進級や卒業が危う
くなる為です。アドラー心理学によるカウンセリングは、生徒が本
来持つ「困難を克服する力」を引き出すことに大きな効果を発揮し
ています。

　　アドラー心理学に基づく簡易カウンセリングでは、クライエン
　トに困難を克服する勇気を与える。カウンセリングに来た時より
　も元気になって帰ってもらう。具体的には次の３つの方向でクラ
　イエントを勇気づける。

①自分自身を受け入れる（自己受容できる）ように
②仲間、共同体と確かなつながりを保てるように
③仕事、交友、愛の3つのタスクのうちで、困難になっているタスクを克服できるように（岩井，2000）

では、「学校に行きたいけど行けない」という、比較的多い相談をもとにした架空の事例で、カウンセリングの一場面を対話形式にて紹介します。どこがどうというよりも、全体を通して、上記の方向でクライエントを勇気づけている様子を感じ取っていただけたら幸いです。なお、＜　＞は、SCである私の、《　》は、クライエントであるA子さんの発言です。

☆来室までの経緯
　A子さんは、保育コース1年生。冬休み前に、担任の勧めで来室。夏休み前は皆勤だったが、徐々に休みが増えこのまま休み続けると進級が危ない状況。
　中学は、友人とのトラブルで不登校になり保健室登校。全日制高校に進学するが、1年後半から不登校になり通信制高校に編入。

☆初回
《私ダメなんです。みんなのように、普通に学校に行けるようになりたいんですけど、朝、支度をしていると吐き気がしたり、お腹が痛くなったりして家を出られないんです。前の日は、普通にちゃんと準備して寝て、朝も起きられるんですけど……。家出ちゃえば治るかなと思って無理やり家を出たこともあるけど、駅に着いたら過呼吸になって電車に乗れなくて、結局家に帰ってきちゃいました。今日は休むって決めちゃうと治まるんだけど、行かなきゃと思って

るとずっと気持ち悪い……。最初の頃は少しくらい休んでもいい
やって思ってたんだけど、行けない日が増えてきて家にずっといる
と、マイナスなことばかりグルグル考えちゃいます。そんな自分が
嫌で、明日は絶対行こうと思うんだけど、やっぱり朝になると気持
ち悪くなっちゃうんです。中学も高校もちゃんと行けなかったから、
今度こそは絶対ちゃんと行こうと思ってたのに……》

　＜どんなことがグルグルしちゃうの？＞　《みんなは、ちゃんと
学校に行ってるのに、なんで私はまともに行けないんだろう》《学
校もまともに行けないのに、社会に出てやっていけるのだろうか》
《なんで、私はみんなみたいに頑張れないんだろう》《なんで私は、
こんなにメンタル弱いんだろう。親にも迷惑ばかりかけて申し訳な
い》

　Ａ子さんの頭の中には「なんで？」が渦巻いています。そして、
大半の問いが「原因捜し」になってしまっています。しかも、問い
の前提となっている「みんなはちゃんと学校に行っている」「私は、
メンタルが弱い」などは、ベイシック・ミステイクス（非建設的に
働く歪んだ意味づけを伴う思考、自滅的な認知）と呼ばれるもので
す。まずは、ベイシック・ミステイクに気が付くことと、原因捜し
から脱却できることに焦点を当ててカウンセリングをすすめること
にしました。

　☆２回目
　＜Ａ子さんは、学校に行けない自分を克服したいと、何度も立ち
上がろうとしてきたみたいだね。立ち上がろうとしては転び、立ち
上がろうとしては転び、そんなことが続いて自信を失ってしまった
のかな？＞　《……（うつむいたまま）》　＜何度も立ち上がろうとし
たからこそ、転ぶんだよね。ずっと転んだままなら、また転ぶこと

第5章　専門学校のＳＣにおけるアドラー心理学の活用

はないしその方が楽だけど、あなたは、転びっぱなしはいやだって思って立ち上がろうとしてきたのかな？＞　《でも、結局また行けない。みんなは、大変でも頑張って学校行ってるのに。ホント、メンタル弱すぎって思う》　＜私思うんだけど、本当にメンタル弱い人だったら傷つくの怖いから、立ち上がることを避けるんじゃないかなあ？　例えば、学校が悪いとか、クラスの○○さんが悪いとか、誰かのせいにして。そうすれば自分は傷つかないし、その方が楽だよね。でも、あなたは、周りのせいにはしていないね＞　《……》　＜もしかしたら、思うようにいかないのは、立ち上がり方やタイミングの問題なのかなあ？　例えば、走っていて転んで、骨が折れちゃったとして、それでも無理やり、頑張って立とうとしたらどうなる？＞　《……立てない。……痛いし……転んじゃう？》　＜だよね。人間だものね。それで立てなくて転んじゃう人って、弱い人かなあ？＞　《……（唇をキュッとして、首を横に振る）》　＜でも心は、体と違って目に見えないものね。実際は心に骨折並みの大けがしてても、気が付かない。心のケガも、目に見えたらいいのになあって私はよく思うんだけど、Ａ子さんはどう思う？＞　《……はい。見えたらいいなって思います（少し、表情が和らぎ始める）》　＜見えないから、周りの人に無理を強いられることもあるよね。「痛いよ～、立てないよ～」って言っても、わかってもらえなくて。それくらいのことで、甘えるんじゃないの！　なんて怒られたりして＞　《……（無言で深くうなづく）》　＜そう考えると、Ａ子さんは、実はメンタル強いんじゃないかなあ……なんて思ったりもしちゃうんだけど？＞　《（驚いた顔で目を丸くして）え～!?……。いやあ、それは……》　＜……確かに今は、元気があまり出なくて弱ってしまっているかもしれないけどね……＞　《……》　＜（にっこり笑って）ところで、話をちょっと変えたいんだけどいいかな？　Ａ子さんが、楽しいって思え

109

るのはどんな時？＞　《（顔の表情がガラリと変わり、上の方を見上げて）え〜⁉ えっとー、なんだろ、えっと〜……》　＜唐突すぎるかな？（笑）　ゆっくり考えて大丈夫ですよ＞　《あ、えっと、サッカー観戦です！ 好きなチームの応援行って、知らない人同士でも一緒に盛り上がれるのが楽しい》　＜へえ〜。サッカー観戦！ ちょっと意外な感じ。サッカー観戦してるときのＡ子さんてどんな感じ？＞　《うーん……別人かも（笑）》　＜別人……（笑）。Ａ子さんが、どんなふうに別人になるのか興味あるなあ。少し、話聞かせてもらえる？＞　しばらく、サッカー観戦について雑談。＜サッカー観戦すると、Ａ子さんの中にどういう変化が起きるの？＞　《元気になる。頑張ろうって思えるし、学校も頑張って行けそうな気がする》　＜サッカー観戦すると、エネルギーがチャージされる感じ？＞　《そう。で、次の日は行けたりする。この調子で明日も行けるかなって思うんだけど、すぐまたダメになっちゃう》　＜そっか、一時的にエネルギーがチャージされて頑張れるけど、少したつとエネルギーがキレちゃうのかな？＞　《そう！ そういう感じ。ホントは、毎日でもサッカー応援しに行きたいくらいなんだけど、そんなに行けないし……》　＜じゃあ、サッカー観戦以外で、エネルギーをチャージできると いいのかな？＞　《ライブとか買い物も好きなんだけど、全部お金かかるから……（笑）》　＜そりゃ、困ったね（笑）。じゃあ、お金がかからないエネルギーチャージの方法があればいいのかなあ？＞　《うーん……？ そんなのあるかな〜》　＜あるかどうかわからないけど、ひとまず一緒に考えてみない？＞　《はい》　＜じゃあ〜、お金がそんなにかからないもので、気づくと夢中になってるとか、ついやってしまってることってある？＞　《SNSとかは、ちょっと見始めると結構ハマる》　＜わかる〜、あれ、ハマるよね。Ａ子さんにとって、SNSのいいところってどういうところなのかな？＞

第5章　専門学校のＳＣにおけるアドラー心理学の活用

《いろんなこと知れる。裏技とか、結構役立つし。あと、動画かな。動物の可愛い動画とか癒される》　＜なるほど〜。では、SNSの悪いところなんてあったりする？＞　《やり過ぎちゃう。やめられなくて、寝る時間遅くなったり。なんかいろいろ見過ぎて、考えすぎて落ち込む。事件とか起こるとどういう人でどういう環境で育ったのかなとか。で、そのうち学校行かないでこんなの見てて、将来私はどうなるんだろうとか、みんなはきっと今頃〇〇してるんだろうなとか考えて、マイナス思考にはまる》　＜そうなんだね〜、A子さんは、想像力が豊かなのかなあ？　SNS見ると、最初は楽しくても、だんだんマイナスの方に想像力を使っちゃうみたいだね。とすると、SNSはエネルギーチャージにはならない？＞　《そうですね〜。家にいるとどうしてもやっちゃって、そして、学校も行かないでこんなことしてていいのかなとか……》　＜マイナス思考にハマっちゃうんだね。じゃあ、SNSの他に家の中でできる楽しいこと、好きなことありそう？＞　《……ファッション雑誌は好き。コーディネイトとか、考えるの好き。可愛いカフェとか、お店の紹介見るのも好きだから、こういう服着て、ここのカフェ行って〜とか、一人で妄想する（笑）》　＜おー、妄想！　妄想は、楽しいよね（笑）。ファッション雑誌をみることで、A子さんの想像力が刺激されるんだね。妄想という名の想像力は、エネルギーチャージにつながりそう？＞《うーん、妄想は楽しいけど、実際に何かをするわけじゃないから、ちょっと……（首をかしげる）》　＜じゃあ、その妄想という名の想像力が、何か少しでも現実に生かされるとすればどう？＞　《そしたら少しはいいかも》　＜じゃあ、現実に生かす方法をこれから一緒に考えてみない？＞　《……はい（どういうことかよくわからない様子でうなづく）》

　そうして、いろいろ話し合い、スケッチブックに雑誌の切り抜き

111

を張り、その横に吹き出しをつけて、友達に勧めるイメージで、そのファッションのアピールポイントをや魅力を書いた「MY ファッションブック」を作ることになりました。

　＜そのファッションの魅力を友達の誰かに伝えてる自分をイメージしてみて。どんな自分がいる？＞　《一生懸命！ 必死かも（笑）。だけど、イキイキしてる》　＜じゃあ、一生懸命で必死で、だけどイキイキしてるＡ子さんの話を聞いた友達が、どうなったら嬉しい？＞　《ちゃんと聞いてくれて、それを取り入れてくれたら嬉しい》＜じゃあ、それを取り入れた友達は、どんな時にＡ子さんのファッションを取り入れたことを嬉しいって感じるだろう？＞　《え～？ どんな時に……？》　＜Ａ子さん得意の想像力を使って、じっくりイメージしてみて＞　《えっと、これも妄想なんだけど、それを着てカフェとか行って、それ可愛いねって誰かにほめられたりとか（笑）》＜それは、嬉しいね。それって、Ａ子さんの想像力が形になって、友達の役に立ってるってことかな？＞　《（しばらく考えてから静かな口調で）……そうかもしれない》　＜（深くうなづいて）あのね、今のＡ子さん、今日ここに来た時と全然違う顔になってることに気づいてる？＞　《え？ あ、あー、そう言えば（笑）》　＜OK！ じゃあ、SNS でマイナス思考になる代わりに、ファッションブック作って、楽しい妄想でワクワクしようよ（笑）＞　《はい（笑）》　＜スケッチブックは、おうちにある？＞　《ないので、帰りに 100 円ショップで買って帰ります》

☆3回目

　1週間後、来室したＡさんは、まだ学校は行けてはいないけどマイナスのこと考える時間が減って、気分は安定してきているとのことでした。そして、作りかけだけと前置きをして、ファッションブッ

クを見せてくれました。カラフルなペンで彩られたそれは、眺めているだけでも楽しくなるもので、私にいろいろ説明してくれるＡ子さんは、とてもイキイキしています。

　Ａ子さん、サッカー観戦の時は、別人って言ったよね。今のＡ子さんも、初めて会った時とは別人だよ（笑）＞　《えへへ……（照れたように、笑いをかみしめる）》

　その直後、冬休みに入り、それがＡ子さんとの最後の会話になりました。その後、担任からは「冬休み中に、クラスの〇〇ちゃんと会ってファッションブックを見せたそうです。そしたら、その子に△△ちゃんにも見せようと言われ、冬休み明け初日、〇〇ちゃんと待ち合わせて登校することができました。ファッションブックは、△△ちゃんにはまだ見せてないけど、バックには毎日入れていて、たまに遅刻はあるけどなんとか登校できてます」との報告を受けました。

最後に

　思春期から青年期へと大人になりゆく時期、カウンセリングに来る生徒は、安心して素の自分を出せる場所がなく、そのこと自体に苦しんでいるように思います。私は、経験も技量も発展途上ですが、アドラー心理学的視点とかかわりが、読んでくださった方の何かしらのヒントになれば幸いです。ここまで私を育てて下さったすべての方、これまで出会ったすべての生徒に感謝を込めて、この章を終わらせていただきます。

【文献】
岩井俊憲（2014）マンガでやさしくわかるアドラー心理学．日本能率協会

マネジメントセンター.pp67-68.

岩井俊憲（2000）アドラー心理学によるカウンセリング・マインドの
　育て方.コスモス・ライブラリー.P77.

野田俊作監修（1986）アドラー心理学教科書.ヒューマンギルド出版部.
　p9.14.

第6章　大学生への支援報告
カウンセラーのスタンスを考える
——自分自身の変容と距離感を保った共感的態度

石山　育朗

はじめに

現在、筆者は短期大学で保健体育科教育と健康科学（運動生理学）の研究に従事している。

大学人として32年を過ごしてきたが、後半の12年ほどは仕事、交友、近親者（愛）の課題でつまづき、うつになった。優越を信念としてきた自分を再生すべく精神科クリニックへ行き、諸々の過程を経てアドラー心理学に出会い、今日に至っている。

今では、アドラー心理学の行動（ライフスタイル）の理論を学び、人間関係のスキルを身につけた。しかし、すべての課題（ライフタスク）がスッキリ解決してはいない。ただ、死にたいくらい思い詰めている目の前の課題でさえ、視点が変わると案外どうでもいいこともあるということがわかってきた。そうすると、いつも完璧にしなければということが緩くなり、関わる程度を状況に応じて調整することを覚えた。このことは大学での授業運営のほか、短大生（以降"学生"と略）への対応、組織の仕事への取組み方と人間関係などの改善に大いに役立っている。

現在、リカバリーしたと思っている自分が支援する側として体験したカウンセリングや授業での学生対応から、冒頭の主題が大事なことではないかと感じている。その要点は、①カウンセラーが何でもわかっているのではないことの自覚、②問題を解決するのは学生

自身、③学生が自ら持っている選択肢に気づいてもらう手伝い、の3つである。

　以下、主題と要点を背景において最近の学生の様子、筆者とアドラー心理学との関わり、自分を知る（理解する）こと、自分を知った後に行ったカウンセリング、授業における集団と個への対応の実践例を紹介する。

カウンセラー、指導者の視点を考える

　学生（相談者、以降“CL”とも略）をはじめ色々なCLに対して、カウンセラー（支援者、以降“CS”と略）の共通するスタンスがあると思う。

　指導する立場にいると、意志や考えがハッキリしない相手と対峙したとき「指導」とか「解決」に重点をおいてしまっていないだろうか。今までの筆者は、学生から相談を聞くと直ぐにベストと思う指示を出していた。学生は溜まっていたものを吐き出せず、結局、解決案だけが提示されてモヤモヤしたまま帰ったのではないか。そんな度々の失敗から、本当に支援するのであれば、CSがわかっていても（そのつもりでも）「CSが何でも（全部）わかっている（知っている）のではない」とマインドセットすることが、とても大事だと思うようになった（要点①）。今では、筆者（CS）本位のカウンセリングを受けてしまった学生に申し訳なく思うと同時に、反省の機会を与えてくれたことへの感謝ばかりである。

　CSが「わからないことが多い」という自覚を持つと、「一緒に考えていこう」というスタンスになると思う。恐らく、学生はそのCSの強制しない雰囲気を察するとホッとすると思うし、話しやすくなるだろう。CLとの距離（感）が遠過ぎず、何とかしようと気負わ

第6章　大学生への支援報告 カウンセラーのスタンスを考える

ないスタンスで本音のコミュニケーションを目指すためである。その問題をどうするかは学生（CL）の自己決定によるのだから、CSは少し引いてCLを観察し圧力をかけない状態を維持したい。

　カウンセリングの目的は「行動変容」である（岩井，2009）。威圧や恐怖によってCLの行動を変えたところで、それは見せかけで将来に継続しない。解決してくれる他者が居なくなれば、CLはまた元の行動に戻る可能性が高いだろうし、問題が起きると他者に依存するという解決方法を身につけると思う（要点②）。CLが自分のこだわりとか、すでに持っていて気づいていない選択肢に気づき、自分で選ぶことが本当に行動が変わる（＝継続する）ことになる（要点③）。カウンセリングによってCLの問題が解決されることを期待して止まないが、実際には100％解決というのはあまりないように思う。しかし、これらの要点を踏まえたカウンセリングであれば、その後もCLの問題が現実的にはそれほど大きく変わらなくとも、そこでの気づきをもとにCL自身が「しばらく様子を見よう」とか「そういう人（こと）も居る（在る）ものだ」などとCL、CS双方が見届けられる（野田，2016）ようになるだろう。CLが納得してくれることが大事だと思う。

学生からみえるもの

（1）最近の学生の様子

　筆者が感じる今の学生の雰囲気(特色)はどのようなものか。まず、学生は概して元気で明るい。活動的な彼らからいつもエネルギーをもらえているし、そのお蔭でイヤなことがあっても元気でいられる。彼らは感覚が鋭く興味のあることにはすぐ反応して取り組み、周りと話題を共有する上手さを持っている。

117

授業では、学生が自分から意見を言うことは稀である。無茶振り
をすればそれなりに意見を言うけれども、モジモジして黙っている
学生が多い。授業が終わったとたん、教室が学生の声で賑わう。あ
るとき、学生に「あまり自分の意見を言わないのはどうして?」と
訊いた。「間違えるのが怖いです（イヤです）」と答えた。頑張って
答えたのに、その答えにダメ出しをされたのでは言いたくなくなる
のは頷ける。自分を主張すると出る釘となり、イジメの対象になる
ようだ。また他者と違う自分に不安を持ち、無理して抑えるところ
があるかもしれない。同調強迫というような自己防衛法を身につけ
たのだろう。

ところで、毎年講師をしている教員免許状更新講習会のとき「〜
について、皆さんはいかがですか?」と言って、サッと手を挙げて
話す受講生は非常に少ない。人前で話すのが仕事である教員でも多
勢の中での自発的発表が控えめだから、学生が意見を言わない（様
子見する）のは当たり前かもしれない。何かを学ぶとき、それがで
きなくても知らなくても不思議ではない。失敗は、「チャレンジの証」
「学びの機会」「今後への布石」として未来に向かうアドラー心理学
の理論が広まって欲しい。

(2) 自己中心性

多くの学生はカウンセリングの予約を取ることなく、授業の時や
たまたま学内で会った時に「相談したいことがあるので、これから
行ってもいいですか」といって、その日に来室する。内心「急にかぁ
〜」と思いつつも、予定の仕事を後に回して学生に対応している。「仕
事があるから、次回にして欲しいのだけど」と言わない筆者は、プ
リーザー（アドラー心理学のライフスタイルの一つ）の要素がこん
なところに出る。

第6章　大学生への支援報告 カウンセラーのスタンスを考える

　また予定の時間になっても来ないとか、当日ドタキャンする学生
はしばしばみられる。こんなときはイラつくが、彼らなりに悩んで
忘れているのではない、何かあるのだろうと思うようにしている。
もちろん急な依頼やドタキャンをしない学生もいる。
　本学には、修学をはじめ就職、友人関係などの問題を相談するた
めの相談室が設置されている。臨床心理士1名に筆者を入れた計4
名のカウンセリングができる資格者と、修学、就職、生活に関連す
る教職員8名（計12名）が相談室委員となっている。学生は、担当
表をみて相談室に来るが、予約することはあまりない。開室時間中、
自由に来室できる体制にしている。
　筆者のカウンセリングを受けに来る学生の多くは研究室に来る。相
談室に行くと、悩んでいることを友だちに知られるから避けるらしい。

（3）何を相談したいのかが明確でない
　カウンセリングの時にはさすがに自分から話し出すが、何を相談
したいのかが分からない学生は多い。不安の気持ちが頭に一杯で、
とにかくどうしたらいいのかわからない状態である。それで目標の
一致に時間がかかり、筆者のスキルの未熟さもあってカウンセリン
グはよく1時間を超える。

　＊不安：未来に直面しなければならない課題があり、しかもその
内容が明確でなく、向き合わなければならないと思いながらも十分
な対処ができていないという感情（岩井，2016）

（4）学生の言葉の受け取り方、他者との付き合い方
　ハッキリものを言う筆者の対応が不適切なのかもしれないが、学
生は率直な言い方をされると、筆者と距離をおくようになったりす

ることがある。彼らの多くは、彼らの私的論理に触れるネガティブ
な意見を「（全人）否定」ととらえやすいようだ。学生は周りにとて
も気を使い、LINE などのツールを使った八方美人的な人付き合い
の感じがする。

（5）繊細な学生とその背景

　筆者は CL の背景を推察するとき、ときどき CL の体型に着目す
る。例えば、肥満体型の学生では過去にいじめ、引きこもりがあっ
たと推察されることがある。引きこもりというと問題を避ける感が
あるが、相手を攻撃しないで自分を守る手段であるように思う。引
きこもる傾向の学生は、繊細なだけでなく素直で頑張るタイプも多
い。「これではいけない」という気持ちがある一方で、家族が自分の
ことで険悪になると、ますます引きこもりから抜けるきっかけがつ
かめないこともあるようだ。

　また、体型や学業などにネガティブな指摘をされたことがもとで、
極端に食を制限して痩せる学生がいたり、いつもマスクをして顔を
隠す学生もいる。マスクをしている学生はある種の引きこもりなの
かもしれない。やはり拘りが強く信念に忠実で、他者と自分への攻
撃を避けることに努力する。かたくなな行動をとる学生は敏感で意
志が強く、成績もよい人が多い。カウンセリングに来る学生には「優
越」を追求することに対する強い信念という意識・無意識の共通点
があるように思う。

　カウンセリングでは、学生の家族（布置）を把握する。親、兄弟（姉
妹）との関わり方が学生のライフスタイルに影響されているからだ。
筆者のところに来る学生には第一子が多い。頑張ってしまう第一子
は親（母）に受け入れられないと落胆や悲しみがドンドン溜まって
疲れ、反抗、兄弟に当たるなどの不適切な行動をする気がする。

第6章　大学生への支援報告 カウンセラーのスタンスを考える

　岡田（2011）は、人と人を結ぶ能力が愛着であり、乳幼児期にそれが人格の土台を造ることを指摘する。安定した愛着スタイルを持つと、対人関係、仕事などへ高い適応力を示すと考えられている（岡田, 2011）。そうだとすると、適応力の高くないライフスタイルの学生は、小さい頃、親の安定しない愛着スタイル（不適切な行動）が重なる体験を持っているのかもしれない。

アドラー心理学を学生支援に繋げる

（1）自分を変える

　筆者のリカバリー体験をもう少し述べる。

　42歳を過ぎた頃から仕事でのミスが目立つようになった。そのときには仕事以外でも親の介護、思わぬキッカケで出会ってしまった境界性パーソナリティー障害のクライエントへの対応など重い課題にも追われ、身体も気持ちも休まることがなくなった。課題が処理できなくなり、自己否定する毎日になった。そしてヤル気をなくし、精神的に折れてうつになった。このとき睡眠時無呼吸症候群（SAS）にも罹っていて、昼間の眠気が半端でなく、車の運転中の信号の見落としなど日常生活に支障が出るようになった。目の前のことから逃げたくなり、度々死ぬことも考えた。現実には、根っからの臆病な性格のせいか、死ぬことも仕事を投げ出すこともできなかった。何とか現状を変えたくて、生まれて初めて精神科を受診した。投薬は免れたが、3か月間受けた傾聴と共感だけのカウンセリングに何も得るものはなく、自分の窮地は自分で解決するしかないことがわかった。そこで、まず自分を知ることと、直面する問題へ自分を追い込まない考え方と対処方法を身につけるために心理学を学び、心理カウンセラーになることを決めた。

この頃に、知人から紹介されたアドラー心理学の本（岩井，2005）を読んだことから学び（受講）が始まった。その理論と演習は、無意識に避けていた自分の核心を突き、何も考えられないほどショックを受けた。しかし、凹んだからといって止める訳にいかず、多少我慢して参加しているうち気持ちが前向きになっていった。アドラー心理学の実践ベースの理論（岩井，2009）と、それを習得し実践している講師の人間力に引き込まれたように思う。精神科で受けた傾聴と共感だけのカウンセリングは何だったのか……という思いが湧いた。

ところで、読者諸氏は自分を好きだろうか。筆者は、自分が大嫌いで「何でこんなにデキない人間だろう」といつも思っていた。ある授業の時、学生に目を閉じてもらい「自分自身のことが好きな人」と訊くと、手を上げたのは1割くらいだった。

自分の気持ちは自分が一番分かるはずだ。良いも悪いもそのまま受け入れることから始めないと、自分にもダメなところがあるのだから「（もし自分が相手だったら）相手だって……」と共感することができないのではないか。I am OK, but you are not OK. では、あまりに利己的だ。自分は、今まで正に利己的で自己中だった。それがアドラー心理学を学んで変わった。カウンセリングは、「言語的および非言語的コミュニケーションを通して、健常者の行動変容を試みる人間関係」である（岩井，2009）。高いスキルでも他者を変えることはとても難しい（八巻，2016）。人間関係を改善するには、まずは自分を変えて共感力を高めることから始めるべきだろう。

(2) ライフスタイル

行動傾向を知る一つの方法として、アドラー心理学では「ライフスタイル」を探る。ライフスタイルは他の学派でいうところの性格

第6章 大学生への支援報告 カウンセラーのスタンスを考える

とか、パーソナリティーに似た意味で、その人の行動（運動）のパターンを表現する（野田，2002）。ライフスタイルは、その人の自己概念（私は～である）、世界像（人は～である、社会は～というものだ）、自己理想（私は～しなければならない、○○は～であるべきだ）を要素とする信念体系である（野田，2002）。

　筆者の家族は、会社員の父（故人）、会社員の母（故人）、三歳差の弟との4人である。

　筆者は、中学時代からいつも他者を偏差値で意識し、優越を理想とするライフスタイルを選んでいた。今思うと、自己理想（野田，2002）は現実の自分とはかけ離れていたことを薄々感じていて、劣等感（同，2002）が強かった。さらに強い私的論理（岩井，2009）が視野を狭め、共通感覚（野田，2002）の乏しさと未熟な共同体感覚（同，2002）から「変な自分」に気づけなかった。

　かつて受けた養成講座の演習でわかったライフスタイルは（野田，2002）、まず「ドライバー」、次に「ゲッター」だった。優越することが自分の目標だったので、周りに対し競争心が顕著で威圧の言動が主だった。命令的で型にはめる授業にこだわり、大学人として「人より少しでも優れる（他人のしない）仕事をするべきだ」と考えていた。大学の教員は授業より研究が重要であることを世界像とし、個性の主張と研究業績による自己実現を自分の課題にしていた。このことは、共同体感覚が乏しいことを想像させる。振り返ると、周りからの直接的、間接的反発は強かったと思う。

(3) 自分と正直に向き合う

　受講した演習では、ロールプレイを体験して想像力がとても重要だと感じた。このお蔭で自分を俯瞰することができ、他者に共感する感覚を得た。

123

自分を調べ、暴露された自分を逃げずに認めるのは正直に言って辛かった。女性が大部分を占める心理学の学びの場で、中年のオヤジが恥も外聞もなくボロ泣きすることが何度もあり、格好悪く感じた。初めはそんな自分がイヤだったが、周りの参加者もまた挫折を味わっている人たちだということに気づき、「弱くて変なところを見せてもいい」という気持ちになれた。そして、本当の自分は、弱くて変でできないのが嫌だと思う今の自分」だと気がつくと、諦めとか開き直りというのではなく「それでも周りにできることはあるだろう」と考えるようになった。身の丈に合ったことをすればいいのだ。

　今ではドライバーの要素は低くなり、コントローラーを主としてベイビーとプリーザーの要素が出てきた。コントローラーはドライバーのように積極的に優越を前面に出すライフスタイルではないが、根本に競合的で完璧癖である（野田,2002）ことに変わりはない。良くも悪くも自分は自分でしかなく、それはそれでいいのではないだろうか。

実践例（対応について）

　さて、「支援する」とは何を支援するのか。

　アドラー心理学の目的は、「正しい共同体感覚を養うこと」である。所属する共同体（家族、職場、趣味のグループなど）の仲間に関心をもち、共通感覚を身につけ、自分は何をするとそこで役に立つのか（貢献できるのか）を考えられるようにCLを後押しする。それが、すなわち「支援する」ことである。共同体感覚が養われていないと他者を認められず、自分にしか関心がないから周りに不適切な行動（自己中心的、利己的）をする。これを「勇気が挫かれている」状態と考える。

第6章　大学生への支援報告 カウンセラーのスタンスを考える

　勇気づけは「困難を克服する活力を与えること」であり、アドラー心理学では共同体感覚を養うための方法として行う（岩井，2014）。実践としての勇気づけは、「どんな人でも有る長所を捜して伝える（現状でできているところに目を向ける）、相手への感謝を伝える（加点主義、相手が人の役に立っていることを知らせる）、過程を重視する（結果ばかりをみない）、失敗も学習の機会、チャレンジの証と認めること」である（八巻，2016）。

（1）他者への態度ついて

　一応、自己受容できたと思っている今では、相手（学生）を認めて尊重し、相手の言葉を聴こうというスタンスになった。筆者は、アドラー心理学の全体論と認知論を柱に対応している。目の前にいる学生（CL）が不適切な行動をしていたとしても、彼自身のライフスタイル（自己概念、自己理想）はその人そのもので何の矛盾もない（岩井，2014、野田，2002）。もし学生の行動が不適切とCSが判断するなら、それは学生の認知の歪み、私的論理に因るもので（認知論）学生は何も悪くない。共同体感覚が養われていないこと、私的論理が強いライフスタイルであることを、学生本人に気づいてもらうように手伝うだけである。ネガティブ（N）な言動は勇気くじきになり自分にもネガティブな言動が戻ってくるし、ポジティブ（P）な関係の中でPが形成されるので（PN循環）、可能な限りPの言動と勇気づけを心がけている（八巻，2014）。カウンセリングでも授業での声掛けでも、学生の行動の「何を目的にして（目的論）、誰に対してのアクションなのか（対人関係論）」（岩井，2009）と課題を分離することを考えながら話をしている。

　実際に学生を前にしたとき、言葉を発する前に一回深呼吸するなどして間をおくようになった。思ったことを言う前に話を聴いて「そう

125

なんですか……」と返し、状況によっては「大変だったんですね」「正直に話してくれて嬉しいです（ありがとう）」などと言うようにしている。一見怖そうな容姿の筆者の応答に、ほとんどの学生は「ホッと」した表情をする。恐らく、教員のところに来るとき、多くの学生はネガティブなことを抱えてくるから緊張しているはずだ。そんなとき、学生からネガティブなことを聞いてすぐ「なぜ〜？」という問いは、原因と責任を追求することになって相手のガードをより固くさせる。

　「学生（世の中）は色々いる（ある）」と思うようになると、「何やってんだよ〜」と思う相手の行動の中に「できている」ことを捜し、それを言葉で伝えることができるようになった。そうすると、学生は考えていることを少しづつ出してくれる。そのうちに学生が話す時間が増え、時々「あっ、……」とか「そういえば……」という本人の気づきが現れてくるようである。

(2) 個別の相談、カウンセリングについて

　カウンセリングの目標は、CL が問題にしている自他の「行動や状況の解決」になることが多い。この問題解決は大事だが、そればかりに拘るとその問題の背景にある信念を見逃し、CL がそれに向き合う対決ができなくなる。CL の私的論理をそのままにすることになり、同じ問題が再び起こる。それで問題解決を一旦棚上げして、行動の目的とその相手、CL の認知の癖を色々な角度から見直せるように話をしていくことを心がけている。

　入学後、授業を受けたら考えていたことが学べない（現実は違った！）、周りの人が自分よりできる、やっていける自信がないなどの理由で大学を辞めようと迷う学生は多い。カウンセリングに来る学生は、ベイビーかコントローラーが多いようである。

　カウンセリングでは、CL の行動の目的と相手を頭の中に置き、

第6章　大学生への支援報告 カウンセラーのスタンスを考える

直面している問題が「何のために（あなたは）〜するのだろう」、また「もし、他の○○だったら〜をどう考えるだろう」ということを考えてもらう。そしてCLにとっての「ベストとワースト」に対する現状のスケーリングも行う。加えて、このままだとどうなるか（自然の結末）、少しでもベターにするには何をしたらいいか（論理的結末）について話し合う。話が深いところまで進んだと判断できたら、学生に自分と対決するような問いかけ、例えば「〜することを止めているのは、あなたの何ですか？」のようなことを訊く。カウンセリングの途中では、時々、気づいたことなどがあるかどうかを訊いてみる。学生の気づきの確認と、そこまでのカウンセリングの流れを学生と一緒に整理するためである。

　カウンセリングの中頃から終盤では、勇気づけの言葉を多くかける。カウンセリングの早い段階から勇気づけをすると、褒め言葉にしか聞こえないことがあって、CSへのラポールが揺らぐ。そして相談に来る学生には、本人が中途退学したとしても後悔しない気持ちの整理と、後のとるべき行動を明確にすることを大事にしている。

　なお、以下の事例に出てくる学生には、卒業生を除き本人が特定されないように公表するとして、事前に承諾を得ている。

（3）アスペルガー症候群の学生

　アスペルガー症候群とは、（そのタイプの人は）「敏感過ぎる神経を持ちあまりに頑固で一徹な気質によって自分自身を苦しめるだけでなく周囲ともしばしば衝突する。……ときにはパニックなどを起こして暴走することがある。……現代では、この症候群の人たちが奇想天外な発想ややり方で無から何かを生み出し、創造的な社会貢献をしていることも事実である。……」と、岡田（2013）はいう。発明王のエジソンがアスペルガーであることは周知であるが、これ

127

までの世界的な有名人（元米大統領ビル・クリントン、アップル社の創設者スティーブ・ジョブズなど）の多くがこの症候群である（岡田，2013）。

数年前、アスペルガー症候群と診断された女子が入学してきた。両親、弟と4人家族で両親は長女の発達状況を理解し、幼小期に言葉の教室に月2回通わせていた。彼女は、高校入学後、アスペルガー症候群と診断され、2年次には診断を受けた病院で年2回診察を受けていた。

広汎性発達障害とも呼ばれるこの症候群の学生がどんな症状を現し、どんな行動をするのか。入学当初、筆者を含め教員もクラスメートもほとんどが知らない状況だった。大学入学後間もなく、クラスメートのカバンを無断で探り出す、また他人のものを勝手に手に取って眺めることなどをしはじめた。6月と9月には、友達を叩きそうになるトラブルを起こした。ノートに書かれた文字は四角く、一字一字の筆圧が強く、下線に沿ってキチンと書かれてあった。

その彼女のクラスは、養護教諭の資格取得を目指す学生たちである。筆者はその体育系科目を担当していた。この学生たちが就職して保健室勤務になったときを考え、広汎性発達障害（アスペルガー症候群）についてクラス全体でシェアリングすることにした。彼女には事前にカウンセリングを行い、学生生活の様子などを聴き、シェアリングの承諾を得た。

講義（シェアリング）では、感性が高くこだわりの強い特徴、世の中を変える強いエネルギーを持っていること、世界中の有名人にアスペルガーが多いことを紹介した。クラスの学生たちにとってアスペルガーについて学んだのは初めてで、講義中、これまでになく集中している学生を感じた。講義後には「その独特なものの見方や行動を、その人の個性、能力と認めるようにしたい」という感想が

第6章　大学生への支援報告 カウンセラーのスタンスを考える

得られた。

　これ以降、周りの彼女に対する対応は改善したが、彼女に仲のい
い友だちができたりすることはなかった。日常の彼女は、食堂で独
り、授業の準備や読書をしていた。ただ、教職員が介入しなければ
ならないトラブルが起きることはなかった。

　入学当初に希望していた養護教諭の免許状は取得できなかったが
卒業した。キャリア・サポート課の支援もあって、障がい者認定を
受け就労継続支援 A 型事業所に就職し、現在に至る。

　このタイプの学生には、支援者が身近にいて、周りもその特徴を理
解して対応できればいわゆる問題児になることが避けられると思う。

（4）ペアで相談に来る学生

　女子学生の場合、友だちの私的問題にペアで相談に来ることは多
い。ひとりで来るのは何となくイヤだと言って、仲の良い人と一緒
にいる。ひとりでいる方が相手に気を使わず気楽にいられると思う
のだが、学生はいつも誰かと一緒にいたがる。そのせいか、時々、
ペアでカウンセリングの予約をしていた学生が、当日「パートナー
が大学を休んだ」といってキャンセルをすることがある。

　お互いの共通の問題の場合、一緒に話した方が理解しやすいので
CS としても進めやすい。カウンセリングを始めるとき、「もしかす
ると、お互いに知られたくないようなことが出てくることがあるか
もしれないけど、それでも良いですか？」と確認しておく。しかし、
話の中で本人にだけ伝えた方がいいと CS が判断することが出てき
たときは、後日、本人を個別に呼んで話すことにしている。

（5）土壇場で諦める学生

　いつも自分に「頑張らなくては」と言い聞かせながら、「私はダメ

なんです」と学生生活を送る学生がいた。彼女は高校時代イジメに遭ったが、卒業して短大に入学した。彼女は2回ほどカウンセリングに来た。何度も「他人が怖い」といっていた。彼女は劣等感が強く、自分は結局ダメだという強い自己否定感を示した。物事がうまくいかないと落ち込み、授業中でもよく泣いた。思うようにいかないとその挫折感を涙で現し、他者に共感を求める操作をしているようなところもあった。カウンセリングでは、「そうなんですよね。でも〜（否定語）」という返答が多かった。頑張っても、「（結局）自分はどうせ〜ない」と納得していて対決をする気はなく、土壇場になると目の前のタスクから逃げた。秋に入って欠席が多くなり複数の科目に連続欠席して受験資格を失い、中途退学した。

その後、福祉学部心理コースのある四年制大学へ入学した。そこでも入学から半年で授業についていけなくなり、大学の相談室にいった。そこで精神科の医師に「発達障害」と診断された。彼女は、この診断に大変ショックを受けたと言っていた。投薬治療のためその大学を年度末に退学、入院した。入院を含めその年度を自宅療養した後、本学の別の学科に再入学した。

再入学後の5月ごろ、カウンセリングをしたが以前と変わらなかった。四年制大学の相談室の診断による投薬が合わず、辛かったようだ。しかし、秋の授業から参加の様子に明るさが見え、ヘアスタイルがショートに変わった。そこで、勇気づけの目的でカウンセリングを行った。早期回想から「痛いことは拒否しなければならない、弱さは相手に示さなければならない、守られていたい」という自己理想が推測された。

このカウンセリングのとき、彼女が夏に帰省して地元の友だちと久しぶりに会ったことを語った。精神科への入院で投薬治療したことを「乗り越えるいい経験をした」と友だちから指摘され、共感し

てくれる人がいることに安ど感を覚えたそうだ。投薬治療は嫌な思い出だったが、それはそれで自分のこれからの肥料にしようと思ったという。現在、イヤなできごとはまだあるようだが、友だちとそれなりの距離で過ごせているようだ。たまに泣いている時もあるが、授業に参加していたので経過観察しながら介入した。

授業における学生の観察とそこでできる支援について

集団の中にいる一人ひとりは、その人のライフスタイルを観るいい機会だ。体育実技の授業では、友だちとコミュニケーションを取らないと進まないので、学生の「今の人間関係」が顕著に現れる。それを支援のキッカケとして拾えると思う。

（1）学生の授業への姿勢

入学してすぐの1年次生は、学科によって体力、運動技能や参加態度は大きく異なる。本学では体育（スポーツ健康科学）が1年次の必修の教養科目で、学生は「何で大学に来てまで体育があるの？」という。ただ、必ずしもクラス全員が「体育なんて……」という雰囲気ではない。

とくに体育が苦痛だった学生に、身体に向き合うことと運動する意味を理解してもらうことが目的である。それでしっかり話を聴いてもらう必要があるので、教員の威圧感をなくして勇気づけの手法を活用する。

（2）授業における勇気づけ

筆者の場合、第1回の授業（オリエンテーション）では出席点呼の後、緊張をほぐす目的でリレーションゲームをする。この時間で

は授業の目標と課題、学習成果（評価方法）、内容のほか出席（欠席）の扱いなどの約束、運動することの意味を明確に示す。筆者は、容姿と言葉使いが相手を緊張させる雰囲気があるという自覚をしているので、表情と話す言葉に気を使っている。学生が騒がしくなったときには、「チョッと聴いて欲しい」とお願いとして言う。

2回目以降では、少し慣れが出てきて騒がしくなってくるが「静かにしなさい！」「君たち、大学生ですか？」などと学生のプライドを凹ますようなことを言わない。むしろ黙って静かになるまで待つ。静まったら「やっと注目したね。ありがとう」と言い、その時間を進める。

正直に言うと、筆者にはこのヤンワリ言葉、お願い口調、黙っていること（待つこと）が今もかなり苦痛である。それでもアドラー心理学を学んだお蔭で、感情を8割くらい抑えられるようになった。ときどき感情を表すが、相手にぶつけなくなった。

授業の目標は、全身持久力と体幹を鍛えることである。どのクラスも授業前のラン（体育館内3周）、点呼後の縄跳び3分間、体幹トレーニングを20分くらい、筆者も一緒に行う。このとき目標回数を示すが、個々の体力が違うので「無理に頑張らなくていい。できるところまでトライする」と言う。全くやらない学生もいるが、「サボってないで、やりなさい（負の注目）」とは言わない。この導入運動後、学生は各自がやりたいものを選んで実施する。すでに20分くらいは運動しているから、休んでいても、友達としゃべっていてもほとんどダメ出し（負の注目）をしない。学生は、「実質50分間運動する約束」を分かっているので、強制と度々の負の注目は彼らのヤル気を削ぐことになる。ただし、安全にかかわる危険行為については、機をみて注意をしている。一方、課題を達成できた学生やファインプレーをした学生には、「できるようになった〜！ 良かったね！」「そ

第6章　大学生への支援報告 カウンセラーのスタンスを考える

れ、凄い！」などと正の注目をする。

（3）どんな学生に注目するのか

　注目（観察）するのは、身体を動かさないでいる学生についてである。授業での活動を学生に任せているのだが、やる気を示さず、多くの時間を落ち込んだ様子で「ボーっ」としている学生もたまに見つける。何気なく近づき、「疲れちゃった？」「具合悪いの？」と声をかける。あまりあれこれ質問するとそのことがプレッシャーになるので、「もし何か気になることがあるなら、後で研究室か相談室に話しに来ていいよ」と言っておく。

　また、やたらと元気な（ハイな）学生も注意深く観察している。いつも元気で騒ぐ学生ならスルーするが、「珍しく～している」とか「周りに突っかかっている」という場合には学生に何か起きていることがある。そのほか、教員（筆者）の様子を気にしている学生は何かを抱えていることが多い。近づいて「元気にやっていますか？」と声かけする。話すようなら少し話を聴き、後で研究室（相談室）に話しに来ることを促しておく。

　この言葉を機に、カウンセリングを受けに来る学生がこれまでに数人いた。

　カウンセリングに来た学生からは、「あの時声をかけてもらって、ここで話ができてよかったです」という感想をもらうことが何度かあった。

臨床としての教育現場とアドラー心理学

　学校は、人として持つべき基礎を学ぶところであるが、社会性を育てるということはとても大事かもしれない。すなわち「共同体感

覚を養うこと」である。子どもは成長していずれ社会に出る。職場をはじめ、色々な人がいる共同体（組織、グループ）に適応していかなければならない。家族を基礎として、人がその共同体にいてもいいと思える場所にするには、その場所の人々を信じ、尊敬し、そこで自分にできることを見つけて貢献していくしかない。貢献は、能動的なことのみならず、相手の話を共感的態度で聴くという受動的なことでもいいと思う。アドラー（2016）は、家庭教育も学校教育も子どもそれぞれの個性を引き出し、正しい方向に導くことが教育の目的であるという。さらに適切な教育のためには、心理学の一部である「生きる技術」としての知識が必要であると述べている（アドラー，2016）。

　学生は、大学という彼らからすると未知の教育課程の真っただ中にいる。何の不安も迷いもない学生はいないだろう。相談できる人や仲間がいて問題への対処ができる場合はいい。そうでない学生は、ますますストレスを溜め込み、神経症のような心を病む状況にハマり込んでしまう。相談に来る学生を含め、現代の疫病といわれる神経症は厳密に言うと病気ではない（ウルフ，1995）。神経症は、「成熟した人間が負うべき社会的責任から逃避することを目的としたライフスタイル」と定義されている（ウルフ，1995）。「てんかん」でさえ真性と疑似があり、発作は「特定の感受性の強い人たちが良くない状況にあるときに限って起きる（フローラのケース）」ことが知られている（アドラーとウルフ，2004）。神経症のCLは、根本的に優越の信念を持ち、それが裏返った劣等コンプレックスによって相手（CS）を支配しようとし、自分にとって居心地のいい場をつくりあげようとする。

　CSが「全て何とか解決しなければ……」という私的論理で対応してしまうと、CLに近づき過ぎてCLの課題（ライフタスク）の目的

第 6 章　大学生への支援報告 カウンセラーのスタンスを考える

と相手、その信念にフォーカスすることを見失い、CS が CL のペース（トラップ）にハマることになりかねない。そのトラップに掛からないように、CS は「何でも分かっていない自分」を認めておきたいし、そのためにもアドラー心理学の生きる技術が必要ではなかろうか。

　CS だけでなく CL も、過去や自分の認知にこだわって目の前の課題に躊躇しているなら、「ダメでも自分は消えることもないし、そのままでいいじゃないか。何かはそれなりにできる」と、開き直りに似た気持ちで前をみていいように思う。一歩踏み出す勇気を持ちたい。自分を止めているのは自分、始めなければ始まらないし、始まらないと変わらない。このことは、CS も CL も同じである。教育の色々な場面は臨床であり、CL も CS もトライ＆エラーの連続で一緒に学んでいくものだと思う。アドラー心理学のノウハウは、課題に直面したときの陥りやすい堂々巡りのパターンを可能な限り減らし、CL の背中を建設的な方向に押していけるように思う。

まとめ

　自分の拘りとか認知というのは、共通感覚からズレていても気づきにくいものだ。「ガクッ……」「ええっ！」と来たときが、それに触れたときだと思う。そんなとき、少し深呼吸をして「何のために（何で）、私はこんな気持ちになるの？」とか、「これが○○さんだと、どう見えるだろうか……」と想像力を働かせてみたい。他人のことは変えられないが、自分が気づいて自分を変えることが一番の近道だ。目の前のクライエントに「変な人」「何だ、それ？」と思うなら、同じように「イラつく自分は何だろう」「私は変なのかも……」とあえて考えてみたらどうだろうか。

135

今、こうして学生への支援といいながら、学生のエネルギーや彼らの「ハッ」とする言動にオジサンとして凝り固まりつつあるライフスタイルに気づかされている。筆者も学生に勇気づけられていることに気づき、感謝するばかりである。授業でもカウンセリングでも、お互いの尊敬と信頼に基づく対等な人間関係の相互作用が納得いく建設的な方向を導くと思う。CS が自分を知り、「知らない（わからない）ことばかり」を自覚することが、学生に本音を語ってもらえる重要なスタンスなのだと肝に銘じたい。

　支援の神様的な人はいると思う反面、どう支援していいかを悩んでいる同業の読者はいるのではないかとも思った。本章の内容が現場での学生対応に少しでも参考になることを願う。

　最後に、執筆の機会を与えて頂いた深沢孝之氏をはじめ、建設的な意見を頂いた執筆者諸氏に心から感謝をしたい。

【文献】

A. アドラー・W.B. ウルフ（岩井俊憲 訳）（2004）アドラーのケースセミナー──ライフパターンの心理学. 一光社. pp.51-70.

A. アドラー（桜田直美 訳）（2016）生きるために大切なこと. 方丈社. p.143-166.

岩井俊憲（2005）こころの壁を乗り越える生き方の知恵. ビジネス社. p.227-231.

岩井俊憲（2009）アドラー心理学によるカウンセリングマインドの育て方. コスモス・ライブラリー. p.36, pp.130-132, 152-168.

岩井俊憲（2014）アドラー心理学入門. かんき出版. p.18, pp.16-39.

岩井俊憲（2016）感情を整えるアドラーの教え. 大和書房. pp.94-104.

野田俊作（2002）アドラー心理学教科書. ヒューマン・ギルド出版部. pp.16-17, 20-21, 29-40, 35-37, 91-106, p.124.

野田俊作（2016）性格は変えられる．創元社．pp.48-50, 113-114.

岡田尊司（2011）愛着障害．光文社新書．pp.3-186.

岡田尊司（2013）アスペルガー症候群．幻冬舎新書．pp.3-5.

W.B.ウルフ（仁保真佐子 訳・岩井俊憲 監訳）（1995）どうすれば幸福に
　なれるのか．一光社．pp.139-194.

八巻 秀（2014）精神疲労のある相手に向き合う指導者の心得〜P・N循環
　理論の観点から〜．体力科学63（1）．p.129.

八巻 秀（2016）アドラー心理学．ナツメ社．pp.36-37, 244-247.

第7章　病院臨床における思春期

鈴木　義也

クリニックにおける思春期・青年期

1.　クリニックでの面接状況

　筆者がカウンセラーとして勤務する精神科クリニックは、地方都市の市街地に位置し、老若男女が訪れている。入院施設はないが幅広い需要に答えており、思春期の利用者もしばしば見かける。ほぼすべてのクライエントは医師の診察を経てカウンセリングに来る。

　中学生は不登校、学校問題、自傷行為、家族問題など対人関係の問題が多い。一方、高校生は問題行動だけでなく、より個人の心身に内在した精神症状も目立ってくる。この時期に症状が顕在化してきて、成人後の精神疾患の序章となることも多い。

　思春期のクライエントのほとんどは親に付き添われて来院してくる。親に連れられてきているという点は、成人の自発的来院と大きく異なる所である。高校生だと親がついてくるのは初回だけで、後はひとりで来談することが多い。大学生になれば一人での来院も多く、成人患者とあまり変わりない。大学生には大学の学生相談を利用することも勧めている。大学で手軽にカウンセリングが利用できるからだ。しかし、中高生は、スクールカウンセラーの予約が取れないために、クリニックのカウンセリングを希望してくる場合が多い。その親も学校からの勧めで来院していることがある。一口に学校といっても、担任、保健室、スクールカウンセラー、適応指導教室、不登校担当教員、教育相談所などの支援を介したり併用したりしていることも多い。

第7章　病院臨床における思春期

2. 親子面談の設定

　親子のカウンセリングには子どもだけ、親だけ、親子同席という3パターンがあるのだが、どれか一つに固定せず、どのパターンでも柔軟に応じている。さらに、ひとつのカウンセリングの枠内でも、同席や子どもだけや親だけを使い分けたりもする。どのパターンを希望してくるかも、その関係を推し量る参考になる。教育相談などでは親と子を別々のカウンセラーが並行して対応するという形もあるが、親子をセットにした方が関係を見ることができ、かつ、直接親子関係にも介入できる。

　母親だけが同伴することがほとんどであるが、親が同席してくれると、親子関係が目前に展開されるので親子関係を探る参考となる。面接室に入って来る時、子どもと一緒に入ってくる親と、子どもと一緒に入室していいかと尋ねてくる親がいる。前者の方がより子どもの年齢が低く、子どもとの距離も近い。後者の親に対しては、筆者は「同席してもしなくてもどちらでもいいですが、時間内で途中退室することもできるので、まずはご一緒にどうですか」と誘って同席してもらう。

　二回目以降も親が同席する場合と、親は外で待機している場合がある。親が同席し続ける場合は、親が多弁で子どもはあまりしゃべらないことが多い。親が同席しない子どもの方がカウンセリングには積極的である。次回以降の予約を取る時には、「もしもお子さんが来られなくなったときは、お母様が代わりに来てください。お子さんが来ずに代わりにお母様だけが来てもいいですよ」と親も気軽に来られるように申し添えておく。そうしておけば、子ども抜きで話す機会が生まれるからだ。そうすると、親から見た子どもの様子を詳しく聞くことができる。

139

3. 子育てスタイルのバランス調整

アドラー心理学において有名な「3つの子育てスタイル」はここ
でも活用できる。①子どもに独裁的に命令し賞罰で支配と管理を
行う「命令型 give order」、②しつけがゆるく子どもの言いなりに
なって自由放任に甘やかしてしまう「服従型 give in」、③子どもを
大人と対等に尊重して選択と責任を求める民主的な「選択型 give
choice」である。この3つのスタイルを、先の親子面談の3パター
ンの展開において見出すことがアセスメントとなる。

例えば、子どもと同席していても、子どもに話す機会を与えない
で喋りまくり、こちらが聞いていてもきつい口調で子どもに語って
いる親は、子どもに対する①の命令型と言える。親子同席を常に望
むのは、親が子どもに保護的もしくは支配的になっている証拠であ
る。親が退室してから、子どもが生き生きと語りだすなら、子ども
は親の指図をうるさく思えるだけの力はもっていると言える。

逆に、子どもと同席しているときは、比較的冷静で気を使ってい
た親が、子どもが同席しなくなったら、子どもに対して否定的なこ
とを多く語ることがある。これは子どもに、面と向かっては言えず
に気兼ねしていて、子どもに感じるストレスを吐き出しているから
である。これは②の服従型と言える。この場合、親子関係には壁が
あり、親は手をこまねいている。

このようなアセスメントを踏まえて、アドラー心理学としては③
の「選択スタイル give choice」という対等で民主的な関係に少しで
も近づけるように調整を試みる。天秤で言えば、両者がなるべく釣
り合うようにする。①の命令型は親の比重が増して子どもが軽くなっ
ており、②の服従型は子どもの比重が増して親が軽くなっている。
だから、両者が釣り合うために、こちらは強い方のパワーを牽制し、
弱い方のパワーに加勢する。当該の子育てスタイルに対してカウン

第 7 章　病院臨床における思春期

ターを当ててバランスを補正していく。家族療法で言うバランシングだが、平衡をめざすところがアドラー心理学ならではである。

　先の「服従スタイル」の例で言えば、親が子どもと同席している時に、親の背中を押して思っていることを語ってもらったり、カウンセラーが親の意見をちょっとだけ代弁したりして、親と子の意見を同じテーブルに載せるようにする。

　話し合いで相互の理解は深まる。しかし、親子の話し合いは、家庭ではうまくできないことが多い。だからこそ、面接の場でカウンセラーの司会のもと、話し合う機会をもってもらっている。家庭での親子関係が変わらなくても、カウンセリングの場で対話ができればいい。家だと互いにカッとなって話にならなくなってしまう親子には、話し合いはカウンセリングの場だけでいいですからと伝える。話してみて初めて相手がそんなことを考えていたのだと気づくことがよくある。カウンセリングの場での家族会議は無駄ではない。

　特に、「支配スタイル」の場合は難しい場合が多い。子どもはカウンセリングに来ても、いつものように親の前で受け身になっていることが多い。カウンセラーはなるべく多く子どもに質問を投げかけて考えを述べてもらう。やかましい親に対してはこちらが適度に遮って子どもの発言とのバランスを図る。

　それでも、親が子を圧倒しているのなら、親を離して子どもとだけの面接を試みる。すぐに子どもが親と対等に話せるようになるわけではないが、まずは、子どもが自分で感じ、考え、選択できるということに気づいてもらうことに意味がある。これは子どもの勇気の芽をゆっくりと育てる育苗箱みたいなものである。子どもが病院に来ない場合は、親とだけ作戦会議をする。

　親に対しては、苦労をねぎらいつつも、その「支配スタイル」を解消すべく、具体例や子どもへの言葉使いも含めて心理教育的に話

141

を進める。カウンセリングに対して協力的でなかったり、あまりに強い支配スタイルだったりする場合は、せめて子どもとの距離を取るように促すことから始めている。

　同席している子どもがほとんど喋らなくても、親に向けての話の中に子どもへのメッセージを入れておくことはできる。例えば、親が不登校の子どもが昼まで寝ているという話を子どもの横でカウンセラーにしているときに、カウンセラーは親に向かって「起きようとしても体が言うことを聞かないときは難しいものですよ」と暗に子どもに向けて擁護しつつ、「夜更かししないように家族として協力できることはないでしょうか」と問いかけて、間接的に子どもに夜更かしを再考するようなメッセージを送ることができよう。

　親子面接でのパワーバランスの調整は、③の民主的な「選択スタイル」に向けて行われる。

思春期・青年期のリスクと共同体

1. 思春期・青年期のリスク予防

　青年の健康リスクと保護要因に関する全米の長期的調査（Rensnick, 1997）によれば、青少年のリスク（％はリスクとの関連度合い）は、情緒的苦悩と自殺念慮（男7.5％、女10.2％）と企図（3.6％）、暴力（犠牲者体験24％）、物質使用：タバコ（26％）・酒・マリファナ、性行動：初体験（12-14歳17％、15-18歳50％）・妊娠（15歳以上20％）だということが判明している。リスクとは情緒的苦悩、暴力、物質、性行動の4つである。このうち、カウンセリングで扱うことが多いのは何かしらの問題行動を伴う情緒的苦悩である。

　上記の4リスクと家族・学校・性格の3つとの関連性を見ると、情緒的苦悩との関連は家族（15％：親とのつながりのみ：親が家に

いる＜朝、放課後、夕食、就寝＞、親との活動、成績への高い期待）、学校（18％：学校とのつながりのみ）、性格（22％：自尊心）となっている。どのリスクも家族と学校と性格の3つが、それぞれ2割程度は関連している。だから、リスク低減のためには、3つのどれに働きかけてもいいということになる。

　暴力との関連は、家族（7％）、学校（7％：学校とのつながりが高いと暴力は低い）、性格（50％：暴力の犠牲者や目撃者は巻き込まれやすい、低学力）となっている。これは性格との関連がかなり高いので、特に本人に働きかけることが有効と思われる。

　リスクと関連の高い要因としては、タバコ、酒、マリファナが家に置いてあること、リスクを下げる要因としては、親からの成績の期待、親が早期の性体験を承認しないことが挙げられている。

　更に、この調査は全米規模では初めて保護要因を明らかにしたものであるが、家族の保護要因としては、親からの成績期待、親が家にいること、家庭環境（タバコ、酒、薬物がないこと）が挙がっている。一般的に言われるように、家族とのつながりや見守りの大切さを裏付けた結果となっている。

　学校のリスク要因としては、学校とのつながりだけが保護要因である。一般に重視される教育方針は保護要因との関連は薄いことが判明したのは興味深い。

　個人の保護要因を下げるものとしては、週20時間以上の労働（情緒的苦悩、物質使用、性体験早期化と高い相関）、低成績（情緒的苦悩、物質使用、暴力、性体験早期化と相関）があり、学業が悪いと他も高リスクになる。宗教があることは高い保護要因になっている。

　保護要因をまとめると、親とのつながりと学校のつながりが大切だということになる。それは親や学校から期待され世話されていると感じるというつながりである。まずは物理的に親子や学校で過ご

す時間があること、精神的には親や学校から学業成績を期待されることが有益である。逆に、家庭から離れてバイトなどの労働に勤しむことはリスクを上げている。特に、好成績を期待することが保護要因なのが面白い。

2. リスクから子どもを保護する共同体

　親や学校とのつながりがリスクから子どもを守るということを聞くと、アドラー心理学で思い浮かぶのは共同体感覚である。この研究で言う「つながり」は共同体感覚に当てはまりそうだ。親や学校との良い関係が有益なのだ。

　絆やつながりや共同体感覚のために、まずは物理的に一緒に過ごす時間を増やすことの必要性をこの研究は示唆している。

　これらを踏まえてこの研究は、共同体基盤で教育、社会、健康サービスを提供する「フルサービス・スクール」を提言している。まるで共同体感覚を具現化するようである。日本でも学校は狭い意味での教育だけを提供する場ではなくなってきている。体の健康や食育を求められているし、災害時でなくても地域社会との交流が促されており、格差や貧困の家庭への行政と連携した福祉的支援も行われている。これは現在の「チーム学校」という考えとも重なるものだ。

　これは地域社会での子育てという視点に立ったものである。現代の「チーム学校」や「フルサービス・スクール」という仕組みにおいても、アドラーの共同体感覚は齟齬のない理念として活用できよう。

　これらはとても未来志向のアイデアのように思われるかもしれないが、少し前の時代においては普通のことだった。例えば、村では子育て、教育、生活、仕事などの多くが共同体で行われていた。共同体で人々は常に物理的に一緒に暮らしていて、子どもには自然と共同体の価値観が染み込んでいた。近代産業化や都市化に伴い、こ

のような共同体は解体した。

　だったら、昔に戻ればいいではないかという考えもあるかもしれないが、カウンセリングでクライエントが主張するのは真逆である。共同体に戻りたいのではなく、共同体の縛りから解放されたいという意見が圧倒的である。親や家や友達や学校からのしがらみからの自由である。昔ながらの日本の地方の村社会は嫌われており、もう再生の余地はないだろう。日本で血縁や地縁の共同体が崩壊しているのは、そこに共同体感覚が欠如していたことの結末と言える。

　では、この日本の共同体とアドラー心理学の理想とする共同体はどこが違うのか。それは個人の自由と選択の尊重であり、支配的でない対等で民主的な関わりである。レトロな日本をそのまま復元するのではなく、日本には欠けていた新しい人間関係の質がなくてはならない。

　家族や学校においても同様なことが言える。つながりはリスクを減らす要因だが、そのつながりの質が支配や統制であれば、鎖につながれているのと同じでマイナスとなる。それでは拘束されてしなびるか、逃げるしかない。思春期・青年期の家族や学校において、支配や統制ではない民主的な共同体が、コンストラクティブかつセラピューティックに作動するために、アドラー心理学のノウハウが役立てれば幸いである。

思春期のダイナミズム

1. 前思春期の結末

　筆者は小学校の高学年までレゴでよく遊んでいた。それで親戚のおばさんから、「まだあんな幼稚なブロック遊びをしているの？」と言われたのを伝え聞いて、えっ、そうなのかなと驚いたのだった。

そして、それまでレゴに没頭していたのが、レゴで遊んでいる自分の姿が客観的に見えてきて、何だかレゴへの熱が冷めてしまった。その後に思春期になったと思う。

　よく思春期は自分を見出す時だと言われる。いわゆる自我が芽生えて自分のことを客観視したり、周囲が見えるようになって、周囲と自分とを比較したりするようになる。自分という存在がやっと見えてきたが、まだまだ自分のことはわからない。自分に気づいていなかったのが、気づくようになって自己定義を模索している。

　しかし、ライフスタイルは既に出来上がっているはずなのだ。「我思う故に我在り」と言うように、自分のことに気づいたから自分が出現するわけではなく、「我思うより前に我在り」で、自分は自分のことに気づくよりも前に存在している。自己概念や人生観や世界観や人生の目的などの総体であるライフスタイルという「自我の形成」は、思春期における「自我の目覚め」より先にできあがっている。

　思春期は人生の第二幕である。第一幕にライフスタイルが形成され、ライフスタイルの出来上がった後に開幕するのが第二幕の思春期である。怒涛の第二幕が始まると第一幕のことは忘れてその記憶は失われてしまう。先の話のように、小学校以前の記憶は中学以降よりも曖昧である。しかし、思春期にはライフスタイルのもたらす「自然の結末」が早くももたらされてくる。

　第一幕に撒かれたライフスタイルの種は第二幕の思春期に発芽してくる。撒かれた種の「結末」を刈り取り始めるのが思春期である。だが、不適切なライフスタイルの実（結末）を見ても、種（ライフスタイル）に気づくことはない。前思春期と思春期の間には大きな意識の断層があるが、前思春期に形成されたライフスタイルの地下水脈は断層を経ても流れている。

2. 持ち越される前思春期の事例

　中学生Aさんは極度に自己抑制的に過ごしている。親友Bさんから望まないことをされても嫌な顔ひとつしないで笑っている。だが、内心は不快に思って鬱憤を溜めている。その不満に耐えられなくなると親や先生や別の友達にぶちまけてしまう。その愚痴を聞き及んだBさんは、「何がそんなに嫌なの」「何で直接言ってくれないの」と怒り、トラブルに発展した。

　Aさんがアサーティブに表現できず、目の前の人のご機嫌をとってしまうのは、自由奔放に言いたい放題で過ごしていた小学校低学年時代に、皆の前で友達からガツンと打ちのめされた経験があったためだった。その経験からAさんは「人に面と向かってストレートな意見をするのは危険である」という信念を抱き、それに沿って対人関係を180度転換した。Aさんにとっては人に直言することは危険と認識されるようになったのである。けれども、自分の不満な気持ちは抑えようがなく、誰かに言わざるをえない激しさをAさんは抱えていた。

　Aさんは自分が抑制的になったきっかけの出来事や、それによる生き方の方向転換のことは意識していない。それは第一幕のエピソードなので、第二幕に入って忙しいAさんが想起することはなかった。カウンセラーからの問いかけで、Aさんは第一幕の決定的決断に気づき、第一幕のシナリオを第二幕でも持ち越して演じていることに思い至った。演じている自分とは、即ち、選択した自分である。「危険を避けるために直言しないでがまんする」という役柄が分かれば、役柄を変える可能性もあることがわかる。

　カウンセラーはAさんが、対人関係でブレーキをかけ過ぎていることが、かえって、鬱憤を蓄積して悪い発酵になっていることを指摘した。その鬱憤を無理やり押さえ込んだり、他の人に愚痴をこぼ

したりするばかりでなく、相手を尊重しつつも自分の意見を伝える
Ｉメッセージの手法を伝えた。「そんなことを聞くと、私は悲しくなっ
てしまう」などの言い方があることを提示した。ここではＡさんが
Ｉメッセージを習得する心理教育もしくは社会技能が主眼ではない。
Ｉメッセージを通してアサーティブに表現するという主体的な選択
肢があることに気づくことが、第一幕のライフスタイルを修正する
ために必要なのだ。Ｉメッセージはシナリオ転換のための刺激に過
ぎない。第二幕で行き詰まったとき、第一幕で起きた大きな転換点
に戻ってみると案外ヒントになることがよくある。Ａさんは自由に
ストレートに語っていたときの人間関係の思い切りの良さと勇気を
思い出した。第二幕の役柄をちょっと降りて、第一幕でお払い箱に
なっていた昔の役柄を、少し洗練させれば使ってもいいのではない
かとＡさんは思うようになった。（事例はすべて架空）

思春期を応援する

1. 内輪揉めに水をさす

「親がうざい」「いっしょの空気を吸いたくない」という感覚で一
時的に家出をする話はよく耳にするが、家出や非行を主訴としてク
リニックに相談に来る事例は割と少ない。思春期の来談エピソード
として不登校に次いで多いのはナイフや包丁の話である。あえて危
ないものを持ち出してくる。それに伴い、殺すとか死ぬとかの言動
もよく出てくる。

そんなことがあると、さすがに物騒なので、親は慌てて子どもを
病院に連れてくる。しかし、病院に来たらたちどころにリスクがな
くなるわけではない。こちらとしては、もしも危険を感じた場合は
ためらわずにすぐ警察を呼んでくださいと伝える。本人が来れば、

第7章　病院臨床における思春期

親だけでなく本人も前にしてそう言う。何かあれば警察を呼ばれてしまうと明示されることが抑止となるからだ。脅しではないので、本当に警察を呼んでも構わない。

同様に、病院に来ること自体も大いに抑止になっている。家庭とのプライベートな空間で起きていることは、当然、その家庭という舞台を前提としている。しかし、その話を病院なり警察なりの別の舞台に持っていくと、そこには他所から他人が登場してくることになる。しかも、家族以外の者に自分のことが共有されてしまうと、もうその舞台は家庭内の私的なものとはならなくなり、公(おおやけ)の劇場に変貌する。そういう衆人環視が抑止として働く。

私的なものを公にする、公開する、第三者と共有することは大切である。身内の恥をさらしたくないとか、不祥事を隠しておきたいという向きもあるが、それは虐待やDVやストーカーやいじめを温存することと似ている。だから、隠蔽せずに病院に来てくれたのは喜ばしいことである。

また、「多くの青年は自分自身を社会的文化的な主流からはずれた者としてみており、親や学校に代表される大人の権威との戦争であるかのように、同様に孤立した若者と絆を結ぶ」(Dinkmeyer, 2000)という。友人とそのような絆を結んでいるのは非行に多いが、ひきこもって親や教師と単独で戦っている場合もある。そういう子どもたちは「反主流」「反社会」や「非主流」「非社会」としての競争を貫こうとしている。このような二者間の対立に、家庭でも学校でもない第三者のカウンセラーが入り込めば、それだけで内輪揉めの競争の二者関係に水をさして緩和することになる。だから、クリニックに来院すること自体が対立をクールダウンする効果があると思われる。

2. 刃物と家出の意味

ところで、刃物は自他に向ける攻撃性である。攻撃性という概念を取り上げたのはアドラーである。アドラー心理学では感情は自分の目的を遂げるために利用されるものとされる。攻撃性も同様である。何かしらの目的のために、その攻撃性の手段である刃物が用いられる。不適切な行動の4つの目的に当てはめるならば、注目や競争や復讐などの目的が考えられる。

しかし、問題はその刃物を繰り出した当人が、何のためにそうしたのかを明確に自覚していないことにある。刃物を持ち出したのは「何となく」とか「衝動的に」とか曖昧にしか認識されていない。刃物はれっきとした自己主張であるから、きちんとした目的があるはずである。

一般には、感情が自我の容量を超えて処理しきれなくなったので、暴走したエネルギーが刃物という形ではみ出てきたのだから仕方ないとか、精神疾患がからんだ心身耗弱による予測不能の行動だと理解されている。責任能力を伴わない制御不能の状態だという見解である。

しかし、アドラー心理学的では、情緒的に病的に暴発したのだから仕方ないとする言い訳は通用しない。暴力をもって何かしらの自己主張を通そうとしたと理解する。つまり、意識的に「よくわからない」ものにすることで責任を回避しつつも、暴力という強力なパワーで強引に通そうとしたと考える。

解離や強迫や不安などの症状は、切断され断片化された症状である。これらは本人にとっては自我違和的なものである。そこにあるのは現実的な不安ではない。不安であっても過剰に変形された不安である。意識からはみだして断片化され変形されたものは偽装された表現である。刃物や家出も同じく偽装された表現である。

これらは何かしらの機能的役割を果たしている。行動化にせよ、

第7章　病院臨床における思春期

症状にせよ、それは目的を遂げるための不適切な試みである。不適切な行動ではなく適切な行動を増やすのがアドラー心理学の手法である。だから、より適切な表現形で、意識的に責任をもって選択した行動が望まれる。そうする勇気が増すように、こちらとしては応援する。

3.　応援のスタンス

　筆者は最近「勇気づけ」という言葉の代わりに「応援」という語句を用いたりもする。支援という言葉もあるが、支援だと下から支える、上から援助するという上下関係の含みが感じられるので、対等関係を感じさせる応援という言葉の方がしっくりくる。

　中学生や高校生の事例は、成人と比べると面接回数が少ないように感じている。親に連れられて来談する生徒は、治療への動機づけが高くない。それに親や学校から相当に責められ、プレッシャーをかけられて来談してくる。人生で初めての精神科病院に臨んで、どうされるのだろうという緊張と不安を感じていたり、嫌々ながらも仕方なく来ていたりする。また、うまくいっていないことで自分自身を責めていることも想像に難くないし、カウンセラーや大人一般に不信感を抱いていることも少なくない。

　思春期は人に信頼せず、困ってもひとりで閉じこもることも少なくない。拒絶し、援助を拒み、気むずかしく、ちょっとしたことですねたりして、「大人は自分のことをわかってくれない」という仮説を立証して親との競争に勝とうとしている。カウンセリングは両者の合意があって初めて成立するものであって、強制や競争ではない。綱引きにならないためには、たとえ親の期待に添わなかったとしても、無理強いしないでカウンセリングを断る自由を保障することが大切だ。子どもが来ないなら親だけの来談をもちかければいい。

151

こちらができることは生徒を応援することである。応援とは相手とその勇気を育むことである。困難な状況をくぐり抜けていくのを応援するというスタンスである。まずは、相手を変えるというより、前向きに進んでいくきっかけとなればいい。方向転換させるというより、現状を承認しつつ微調整していくというのでいい。足に糸がからんでいる鳥は、糸を切るだけで羽ばたいていく。鳥を手術するのではなく、自由にすればいい。

　カウンセラーは親や教師とは異なる立ち位置から応援する。中立的というのは無色透明になることではなく、第三者的存在になることである。そのために、親や教師とは異なる反応やコメントをしてみるのも一案である。また、尊敬をもって有益な側面に着目して話を聞き、相手をきちんと理解できれば、この人は他の大人とは違って理解して応援してくれるのだと思ってもらう可能性が生まれる。行き詰まっているネガティブな話ばかりに拘泥せず、対人関係、学業、友人、親子、私生活など多様な面の中から本人の得意分野やリソースを探してホッとすることもまた応援することである。

4.　行き詰まる生活の事例

　中学生のＣくんは不登校ということで母親と共に来談した。他の長期不登校の子どもたちと同様に、小学校の時から給食を拒みがちだったり、短期間の不登校があったりという前兆が散見していた。中学で友人から疎まれ避けられたことをきっかけに不登校ぎみとなり、来談時はあまり授業に出ていない状態であった。本人は学校や友達に恐怖を抱いているわけではなく、放課後に遊ぶこともあるし、気が向くと小学校時代の友達のいる部活に顔を出したりする。ただ、夜更かしして朝起きられず、昼間はゲームやテレビで時間を潰している。学校や親は登校刺激をしっかり与えているが、本人の危機感

は希薄である。周囲からはだらしなく怠けていると認識されている。適応指導学級に行ったこともあるが、学級に戻るかどうか、本人も周りも決めかねている。

　Cくんは健康そうだが、ちょっと気が弱そうな感じであった。まずは日常生活で、本人と家族や学校がどのようなつながりをもっているかを尋ねた。母親がパートに出るため、昼間ひとりになっている。友達と遊ぶことは続けるようにと伝えた。

　不登校の要因として学業についていけないこともよく見受けられる。筆者は学業を対人関係の悩みとは別に考えるようにしている。アドラー心理学でいう仕事（学習）の課題と交友の課題は別のものである。学校に行けているかどうかに関わらず、学業は遅れないように応援しなければ、学業不振から更なる登校意欲の低下がもたらされてしまう。

　Cくんの成績は良くないので、学校からの指示を受けつつ、家庭学習で課題をこなすこと、それを親が支援することをお願いした。また、学校に行っていないのに塾に行くのは気まずいと辞めてしまっていたので、できれば塾だけでも再開することを勧めた。最近は個別指導の塾も多いので、同級生と机を並べなくてすむかもしれない。経済的に許されるなら家庭教師にお願いできるし、学校での適応指導学級などで個別指導を活用することができるかもしれないなどとお話した。学校に行くという課題とは別に、勉強するという課題があり、それは学校に行く行かないに関わらず果たすべきものだと伝えた。そうすると、家で無為に過ごすのではなく、やるべきことが見えてくる。Cくんには昼間ゲームばかりしないで、一定量の勉強をすることを提案して同意を取り付けた。他にも、友人、スクールカウンセラー、スクールソーシャルワーカーなどのリソースの活用について母親を交えて検討した。学校に行っていなければ意

153

味がないという「全てか無か」という思考ではなく、家でできることはないかと考えることが応援となる。

不登校は身を守るためのやむをえないものだったり、強い意志を持った子どもならではの主張だったり、アドラー心理学でいう「無力の提示」だったりすることもある。いずれにせよ、家庭も学校も不登校という不適切な行動を何とかしようとして、ますます不適切な行動に注目してしまう。アドラー心理学の基本は不適切な行動には注目したり戦ったりせず、適切な行動に注目して、有益な側面を伸ばすことである。Cくんの生活を尋ねたのは、Cくん自身の問題や原因を探すためではなく、適切な行動が展開する場面がどこかあるかを探すためである。だから、Cくんに向かう姿勢は問題追及や登校圧力ではなく、状況把握と可能性の探求である。

Cくんは今の生活が行き詰まっていることは百も承知である。その息苦しさから離れようとゲームの世界に佇んでいる。そこで、学校には行けなくても、少しでも現実に戻って規則的で有意義な生活を付け足していければ、勇気の低落を食い止めることができるのだ。

高く飛べとプレッシャーをかけるより、低空飛行でもいいから応援してあげてくださいと母親にコンサルテーションすることで、Cくんは不適切な行動ではなく適切な行動に注目してもらえるようになった。Cくんは自宅生活が向上し、登校も増えていった。

5. タイトな部活

著者が中学生だった頃は、部活は自由参加で、本当にやりたい人しか入っていなかった。帰宅部の著者は早々と下校しては好きなことをしていた。子どもを放置すると非行に走るという理論があるかどうかは知らないが、近年のように部活があまりにもタイトなのはどうかと思う。

第7章　病院臨床における思春期

　同様に、タイトな進学校もある。こちらは学力第一で、成績による過酷な選別や露骨な差別がまかり通っている。全学一体の成果主義なので、理由が何であれ授業に出て来ない生徒は落ちこぼれとみなされ、冷たい視線を向けられる。不登校になった生徒はソフトに切り捨てられて退学していく。そういう学校の競争原理をたっぷり吸収して生徒同士もギスギスしている。

　タイトな部活や学校の風習や校風に合わない人は必ずいる。それを脱落と呼ぶのは正しくない。合わなかっただけである。ブラック企業を辞めた人を脱落者とは呼ばないのと同じである。

　クリニックには時々、脱落者にされてしまった生徒が訪れる。自分がうまく流れに乗れなかったこと、そのことで周囲から脱落者とみなされていること、孤立してしまったこと、転校するにしてもどうなるかなどを考えなくてはならないので苦悩している。

　このような厳しい状況でへこんでしまい、不登校になったり、症状が出たりしている事例は案外多い。こういう人に向かうときは被害者支援のスタンスにしている。これはDV被害者の相談と似ている。悪いのは相手や組織であり、生徒は悪くない。いじめた人が悪いのであって、いじめられた人が悪いわけではない。だから、生徒の訴えが歪んでいない限り、生徒の「適応障害」を「改善」して元の集団に「適応」させようなどとは露ほどにも思わない。むしろ、その過酷な状況でどうやって生き延びるか、もしくは、その集団から離れて、幸せに生きるにはどうしたらいいかという生存作戦を考えるのである。しかし、DVと同じで、悪いのは相手だとわかったとしても、どうするかを自己決定するのはあくまで本人なので、こちらができることは、生徒の味方になって応援してあげることなのだ。

　部活や学校の校風に合わない生徒は、学校では孤立無援になって

155

いる場合が多い。さらに、追い討ちをかけるように、家族が部活や学校の立場から本人にプレッシャーをかけようものなら、理解者がいない疎外された孤立状況になってしまう。周囲からは本人に問題があるから変わらなくてはならないと責められている。

　部活や学校のしている理不尽さを明確に指摘すると、よく、本人や家族から、「今まで誰もそういうふうには言ってくれる人はいなかった」と強い共感が寄せられる。そういうごく常識的な意見を述べられなくなっていること自体が組織の病理なのだ。カウンセラーが応援すると、クライエントやその家族はたちどころにすっきりする。自分が間違っているのかもしれないという迷いが晴れて、あとは今後どうしていくかをじっくり考えればいいということになる。

　しかし、学校や部活が好きで続行したい気持ちが強く、自責の念が強いと、去ることができず、ずるずると中途半端な状況で苦しみ続けるようになる場合が多い。

6. タイトな事例

　高校生のDさんは体調不良で部活をやめてしまったことで、周囲の冷たい目に晒され、不登校気味になってしまった。それは放課後土日と年間休みなく行われている部活で、しかも、団体活動のため個人が抜けにくいものだった。Dさんは積極的に役割を引き受けて頑張ってきたのに、部員の非協力的な態度に疲弊していた。それに加えて、Dさんが特定の人にすがりついていたことが一部から嫌がられていた。カウンセリングに来談したDさんは、皆に裏切られた感じや、友人からの非難や、さらにそのことを訴えても顧問も理解してくれなかったという不満を滔々と述べた。

　カウンセラーは状況を客観的に把握しようという態度を示しつつ、結論としては部員や友人や顧問は「ひどいね」という率直な個

第 7 章　病院臨床における思春期

人的感想を漏らした。D さんの証言を聞いて部活があまりに過酷な状況だと判断したので、主観的心情にだけでなく、現実的な状況判断においても D さんに賛同した。カウンセラーは D さんに共感したわけではなく、カウンセラー自身の判断を D さんに伝えたのだった。すると、D さんは、初めて理解者を得たという安堵の表情を示した。同席していた母親はカウンセラーの意見に半信半疑という表情をしたので、内心は D さんの言うことを信じかねていたようだった。

　D さんは、カウンセラーに確実に理解してもらえたと認識したので、すぐさま今後どうしていくのかという段階に歩を進めた。D さんは学校には行きたいが、体調がすぐれないので困っているという。このままだと出席日数不足で留年になってしまう可能性がある。そうなったら、サポート校に転校せざるをえなくなるという。カウンセラーはそれもひとつの選択肢としてありだと話した。

　そして、仮に転校した場合はどのようになるのかということを語り合った。学校を辞めれば、葛藤から解放されて楽にはなれるが、部活のせいで退学するのはどうにも悔しくて受け入れられない。不満を水に流して登校するのか、信頼できないと感じている学校から離れるのか迷うところである。カウンセラーはここでは相手の自己決定を尊重するために中立的になり、どちらかを示唆するようなことはせずに、自分で選んで人生を切り抜けていかざるをえない D さんが自己決定していくことを応援した。

　また、そのような選択肢はあるものの、決められず、即決しなくてはならないわけではないのだから、じっくり考えて、今は「保留」にしておいてもいいのではないかということも伝えて、心に余裕をもってもらうようにした。クライエントが物事を決めようとして決めかねてジレンマに陥っているとき、筆者はよくこの「保留」や「棚

157

上げ」にすることを提案している。右でも左でもなく、「選ばないという選択」があるのがわかると、葛藤から一時的に解放されて、はっと目が覚めたように肩の力を抜くことができるのだ。乗るか反るかで緊張していたDさんも保留にできるとわかってほっとして多少とも気を取り直したのだった。

思春期の意味づけ

1. 思春期回想

大人なら誰もが思春期・青年期を経てきている。面接で人生を見渡すとき、多くの人が思春期に言及する。何歳であっても、その人の中の思春期が話に浮かんでくる。思春期が相当に悪い状態でも、ひとりでこらえていて病院に行っていなかったと語る人も多い。

あるクライエントに「いつ頃から自分が病気だと思いましたか」と尋ねたら、「病気だと思ったのは二十歳だが、今思えば物心ついたときから病気はあった。それでもそれが病気だとは思わずやっていたが、生活できなくなったから病院に行った」ということだった。周囲から病気とされるのと、自分で病気だと思うのは異なる。思春期の只中にあってそれは「病気」とは認識されていない。思春期は周りから「病気とされる」「問題視される」ことが多い。だから、親に連れられてくる。いわば病識や問題意識が薄い。「病気と気づく」のは思春期が過ぎて自分を客観的に見られるようになるか、上記のようにいよいよ困り果ててからだ。

カウンセリングでは思春期を精算できていないという想いや不全感を抱いている大人とよく出会う。余裕ができたのでそれを精算したいと望んでいる人もいる。そういう話ができる場は他にはないからカウンセリングに来たとよく言われる。思春期のことを話してお

第7章　病院臨床における思春期

かないと、現在の問題に取り組めないと感じている。思春期の話を
するのは前に進むためだと捉えられよう。そして、思春期のエピソー
ドの回想は、問題を紐解く突端ともなる。

　思春期へのこだわりがない人にも、思春期の早期回想を聞くこと
ができると筆者は考えている。この「思春期回想」を早期回想と並
べてみると、更に見えてくることがある。例えば、あるクライエン
トの早期回想は突然の出来事にびっくりするだけの自分を親が助け
てくれていたという話だったが、思春期回想では先生に誤解されて
クラスが叱られてしまっても、友達と団結して乗り越えていったと
いう頼もしい思い出が出てきた。受動的に他者から支援してもらう
ことから、主体的にポジティブに乗り越えていくというエピソード
の質の向上は、現在の当人の適応力の向上を表わしていた。

2. ライフスタイル試論

　ライフスタイルは小学校にはできているとされている。その後は
人生観が変わるような余程の出来事やセラピーがない限り変わらず
存続すると言われている。このようなライフスタイルの「ほぼ不変
説」に対して、果たして、ライフスタイルはそれほどまでに変わら
ないものなのであろうかという疑問が浮かぶ。また、ライフスタイ
ルが変わらないとしても、それを囲む適応的な能力や、ライフスタ
イルを覆い隠す表層的な行動様式によって、ライフスタイルの実効
は異なってくるのではないだろうかとも思う。

　そもそも人間が自己決定や自己創出をしている存在であるなら、
ライフスタイルが不変というのもやや不自然である。とすれば、ラ
イフスタイルは変わらないものというよりは、ある程度は変化し展
開していくものとしてとらえてもいいのではないだろうか。

　ここでは、ライフスタイルを発達段階的にとらえる試みとして、

159

思春期・青年期の様相を三幕のステージに例えてみた。第一幕は小学校の「形成期」、第二幕は中学校・高校での思春期に相当する「展開期」、第三幕は大学・社会人などの青年期以降の「固定期」である。

　第一幕の形成期のライフスタイルは、柔らかい粘土のようなもので、型がつきやすく刻印されやすい。このときに大筋で信念の造形がなされる。基本的誤りと言われる不適切な人生のシナリオが書かれるとするのがアドラー心理学の定説である。小学生のライフスタイルは割とむき出しになる。小学生は結構激しくめちゃくちゃなことをしてはいるが、体やパワーが小さいために問題行動とされるまでには至らないことが多い。

　第二幕の展開期に入ったライフスタイルは、ほどほどに固まってきているミドルタイプだが、まだ大人の処世術が形成されていないので、真剣で一途な理屈がストレートに露出する。理想を追う思い込みの激しさ、融通の利かなさや了見の狭さがある。まっすぐでとんがっているので周りとの温度差は激しい。相手に向ける攻撃性や相手を避ける逃走性は、時に刃物や家出、暴力や閉じこもりなどの先鋭的な形をとる。ライフスタイルが社会とぶつかって軋轢を生む。中学はパワーも大きくなっているので、獲物を狩る肉食獣のようなライフスタイルにせよ、危険から敏感に身を潜める小動物のようなライフスタイルにせよ、その現れ方は大きくなって周囲の制御は効かなくなることもある。暴力や閉じこもりもその強い力の表現である。思春期の出来事によって人生が大きく方向転換したという話はよく耳にする。思春期のエピソードがライフスタイルに加筆や修正をもたらしているのではないだろうか。

　第二幕の思春期は、第一幕と第三幕に挟まれた独特の舞台である。それは第一幕のシナリオであるライフスタイルを引き継ぎつつ、第三幕に固まる大人としての結末を披露するまでの半熟卵のような時

第7章　病院臨床における思春期

期である。思春期には第一幕のライフスタイルという過去と、第三幕で訪れようとしている結末という未来の両方が同居している。第二幕は過去と未来が結びつきつつある場である。思春期の臨床においては、その人は変遷の第二幕におり、第一幕で作られたライフスタイルが第三幕に移行するまでに、どのような修正が成されていくのだろうかという時間展望があるといい。

　第三幕の固定期のライフスタイルは、固まった完成形である。良くも悪くも細部まで細工されている。上辺の装飾が施されてライフスタイルが見えづらくなってくるが、その中身は硬く出来上がっている。高校以降はライフスタイルの修正か、はたまた、適応力の向上のためか、ライフスタイルの激しい露出は減っていく傾向にある。だが、ライフスタイルがもたらした自然の結末が、その人の人生の成果や行き詰まりとして歴然と現れてくることもある。

　例えば、一過性の思春期の反社会的行動や非社会的行為が、反社会集団と結びついて触法行為の常習化になったり、学校や社会での不適応を経て長期的な引きこもりになったり、心身症状が精神疾患として定常的なものになっていったりする。

　第三幕である成人の臨床においては、早期回想でつまびらかにされる第一幕のライフスタイルだけでなく、第二幕の思春期におけるエピソードも参照していくことができよう。

　成人の認知機能は増大しているので、意識的な修正を施すには第三幕に入ってからの方がやりやすい。セラピーが可能となる所以である。カウンセリングにおいてライフスタイルを変えることは、クライエントの認知機能と意志なしにはできないことだからである。

　幼少期にできたライフスタイルが徐々に修正され、青年期までには固まっていき、三つの幕ごとに、ライフスタイルの硬度も露出度も若干異なるという仮説を描いてみた。ライフスタイルを３つの異

161

なる時期で観測することで、より立体的に力動を描く可能性を考察した。

3. 思春期を見るアドラー心理学

病院臨床における思春期のカウンセリングは問題行動や症状が明確でわかりやすいが、家族や学校と連携するときは臨機応変な対応を要する。アドラー心理学の基本は病院臨床においても変わらない。その独自のメソッドはどれも適応可能であり、豊かなリソースは有益である。ライフスタイルの様々な展開を目の当たりにする思春期・青年期の臨床に当たって、人生の無益な側面から離れて有益な側面を開拓していくアドラーの考えを軸としていくことは、クライエントを応援する私たちに勇気をもたらしてくれる。

コンストラクティブに進むことは、とりも直さずセラピューティックな歩みなのである。

【文献】

Dinkmeyer, Don, Jr. Sperry, Len. (2000) *Counseling and Psychotherapy: An Integrated, Individual Psychology Approach. 3rd ed.* Printice-Hall.

Rensnick et al. (1997) *Protecting Adolescents from Harm. Findings from the National Longitudinal Study on Adolescent Health.* JAMA.

第8章　青年期後期の人たちへの
アドラー心理学的アプローチ

深沢　孝之

青年期は終わるのか

　世間でも発達心理学でも、青年期が終わると成人期になるとされている。親から独立できるだけの収入がある仕事に就いて、家庭を作り、子育てを始めると成人期というのが一般的なイメージかもしれない。

　発達心理学における青年期と初期成人期の主題として、「アイデンティティーの確立 vs アイデンティティーの拡散」「親密性 vs 孤立」というエリクソンの理論がよく知られている（大野，2010）。エリクソンの漸成発達理論は今でも参考になるが、これはあくまで発達を理解するための大枠となるモデルである。確かに青年から成人への移行は社会的にも心理的にも存在すると思えるが、現代の日本ではいつ頃までが青年期でいつ頃から成人期なのか、周りを見ても、自分自身を振り返っても、筆者には判然としない感覚がある。

　現実に20代以降の人々の生き方は多様化しており、発達理論に沿ったある典型をイメージすることは難しい。20代早々に家庭を持つ人もいれば、30代になっても10代、20代と変わらぬ趣味中心の生活スタイルを続けている人も多い。晩婚化どころか異性との交際に関心の薄い人も多くなってきたと巷ではいわれる。20歳の成人式を迎えれば、即大人のマインドになるべきと一応世間は期待するが、どこ吹く風の若者も多い。

　そういう人たちが不適応をきたしているかというと必ずしもそう

ではないが、一方で、自信を失くして精神的不調になったり、最近社会問題化しつつある大人のひきこもり状態になってしまう人もいる。

　発達心理学者も青年期は長期化していると考えてきている。それに応じて「ポスト青年期」や「成人形成期」という言葉も提出されているそうである（大野，2010）。現代は一人前になるとはどういうことかの基準の不明確化や、大人と子ども、あるいは若者との境界の不鮮明化が見られ、青年期（思春期）の始まりが10歳から12、3歳くらいとすれば、青年期の終わりは以前の22、3歳から、30歳くらいに延長してきていると考えられるという（榎本，2012）。一昔前より青年期は約2倍に伸びていることになる。

　現代の若者がどうしてそのようになったのか、それをどう評価すべきかは興味深いテーマだが、それに対してアドラー心理学は十分に答えることはできないかもしれない。若者文化の分析や社会評論的なことは得意ではないからだ。ただ、そういう人たちを支援することについては、アドラー心理学はけっこう得意であろうと思う。

　多様性はあるが20代半ば辺りから30代にかけては、社会の中で自分の立ち位置を作るための試行錯誤の時期とはいえる。ただ、学生時代のモラトリアムと違い、その試みがうまくいかないと失業、無職、ひきこもりなどの社会生活の基盤を失ってしまう状態に陥りやすく、ある種の青年にはダメージが大きくなる。本章では、そのような時期（青年期後期と呼ぶことにする）の人たちへの心理的支援において、筆者が臨床現場で実践しながら考えていることを断片的ではあるが述べてみたい。

青年期後期の臨床的課題

第8章　青年期後期の人たちへのアドラー心理学的アプローチ

　筆者は一地方都市で開業（私設）臨床をしている。元々児童相談
所や精神科思春期外来に勤務歴があり、現在は開業の他に中学校や
高校のスクールカウンセリングやハローワークの心理相談、ある医
療、福祉系の法人職員のメンタルヘルス相談も定期的に行っている。
時には依頼されて大学や短期大学、専門学校で講義をすることもあ
る。したがって、思春期・青年期の人たちには比較的出会う機会が
多いといえる。特に最近は、青年期後期のクライエントが多い印象
である。産業分野のメンタルヘルスが注目されるようになり、若者
のいわゆる新型うつや離職の問題などが影響しているのかもしれな
い。

　そこで筆者が臨床現場で出会う彼らの問題や主訴はどのようなも
のがあるか、その例をアドラー心理学のライフタスク論に沿って挙
げてみる。アドラー心理学では、人には仕事、交友、愛という基本
的な三つのタスクがあるとしている。最近はこれに加えて「自己」
や「スピリチュアル」と呼ばれるタスクを入れることもある（鈴木・
八巻・深沢, 2015）。

（1）仕事のタスク
　・浪人しているが勉強が進まず不安が強い、不眠になってしまった。
　・大学生活になじめない。講義に出られない。就活をする気にな
れない。
　・大学・専門学校卒業後、初めて就いた仕事が自分に合わなくて
つらい。周囲から期待された仕事ができない。
　・同僚との比較に悩む。同僚、上司に声をかけられない。
　・職場に行きたくない。辞めたい。辞めてしまった。休職、復職
に向けて相談をしたい。
　・なぜか転職ばかりしてしまい、なかなか仕事が続かない。

・国家試験、資格試験の勉強がはかどらない。試験の緊張で心身の状態が悪化した。

・大学院の指導教員との関係が悪い。大学院に入ったものの実は自分が何をしていいのかわからない。

・「対人恐怖」があって人前でのプレゼンや営業がうまくできない。

・仕事を辞めてから自宅にひきこもっている。

・障害者の作業所や就労支援施設にきちんと通いたい。

（2）交友のタスク

・大学や専門学校で仲間の中に入っていけない。

・職場の同僚や先輩と関係が作れない。職場の同僚の年齢が高い、異性が多い等のため話が合わない。同僚と雑談できず孤立感がある。

（3）愛のタスク

・遠距離恋愛の不安。恋人、パートナーが信じられない。

・夫婦関係の変化（別居、浮気）。

・子育ての悩み。子どもを怒鳴ってしまう、虐待してしまう。

・困っていたパートナーが発達障害だとわかったが、どう付き合っていったらいいかわからない。

・発達に問題のある子どもの子育てがわからない。多動、乱暴な子どもにうまく対応できない。

・いまだに支配的な親との関係に悩む。結婚相手の実家とうまくいかない。

（4）自己のタスク

・自分には何が向いているかわからない。自分の中に生きづらさがある。自信がない。落ち込みやすい。気持ちに余裕がない。これからの方向性がわからない。

・PTSD、トラウマの問題。自分はアダルトチルドレンと思う。

・ネガティブな考え方の癖を直したい。容姿や能力の劣等感が非

第 8 章　青年期後期の人たちへのアドラー心理学的アプローチ

常に強い。

　・ギャンブル、アルコール、薬物、盗撮等嗜癖の問題。

　・うつ、不安、強迫性障害等の症状。

　・発達障害と診断されたが、その特性とどう付き合ったらいいか。精神障害者で支援を受けているが、自分の劣等感や症状とどう付き合うか。

　本稿を書くにあたり改めてこれまでのケースを振り返ってみたが、主訴の数もバラエティーも、仕事のタスクに関する相談が多い印象であった。やはり青年期の人が出会う困難の多くが、仕事や社会の中に自分の居場所を作ること、職業的アイデンティティーの確立にかかわることであるからかもしれない。

　スピリチュアル・タスクとは、神や宗教的なもの、あるいは自然や宇宙など自己より大きな存在との関係性に関することだが、筆者の日常臨床で出会うことはあまりないので挙げていない。時にはクライエントのニーズによってはこのタスクを扱うこともあり、筆者自身も関心のあるところだが、本書のテーマと外れるので、これについては別の機会に考えたいと思う。通常の青年期後期の臨床では、大抵の問題は上記四つのタスクにまとめられると考えている。ただ、「自己のタスク」に入れた主訴も、実際は「すべての問題は対人関係である」というアドラー心理学の対人関係論の観点から結局は、仕事や身近な人との対人関係の問題と考えられることが多い。すなわち、仕事、交友、愛のタスクの問題として扱おうとアドラー派のカウンセラーなら考えるだろう。

青年期後期のアドラー心理学的支援の要点

　多様な臨床事例の姿から一般的な知見を導き出すことは、個々の
クライエントに向き合い、その事情に合ったオーダーメイドな対
応を心がけている筆者の立場では容易ではない。そこで、筆者が青
年期後期のクライエントにどのような姿勢で臨み、どのようにアド
ラー心理学を意識してアプローチしているかをまとめることで、読
者の参考に供したい。例示される事例は、趣旨に合うように複数の
事例から筆者が創作したものである。

1.　自分の人生を振り返り、基本的な認知の傾向に気づく

　筆者は技法的には解決志向ブリーフセラピーや認知行動療法を好
む、どちらかというと短期志向のセラピストである。できるだけク
ライエントに負担なく早く改善してもらいたいので、少しでも効率
がよいと思われる方法を日々学び、研鑽に努めている。

　それでも一回や二回ではなく、ある程度の期間通っていただける
見込みがクライエントから得られている場合、クライエントのこれ
までの歩みを少し時間をかけて振り返っていただく面接をすること
がある。そのクライエントがどのような環境で育ち、どのような決
断を経てきたか、そして今現在、どのような基本的な考え方の傾向
があるかを検討するのである。アドラー心理学では、「ライフスタ
イル・アセスメント」と呼ばれる行為である（鈴木・八巻・深沢,
2015）。

　ライフスタイル・アセスメントでは、クライエントの育った家庭
環境とその中でのクライエントの心理的位置（家族布置）、友人関
係、学校での適応の様子、異性関係などいわゆる成育歴情報を聴取

第8章　青年期後期の人たちへのアドラー心理学的アプローチ

する。そして子どもの頃の印象的な思い出（早期回想）をいくつか
聴く。さらに将来のイメージや自己理想を推測するための追加の質
問を行う（特殊質問）。それらに2～4セッションを使う。そして得
られたデータを基にクライエントのライフスタイルを解釈し（解釈
投与）、クライエントの納得感や反応を見て（認識反射の有無など）、
クライエントと一緒に「ライフスタイル・アセスメント結果」とし
てまとめ上げる。

　多くの青年期後期のクライエントは、これによって20数年の自分
の人生を振り返る機会を初めて持つことになる。家族布置の聴き取
りでは、よくある親子関係がどうだったかといった問いだけでなく、
きょうだいの関係も詳細に聴く。きょうだいの中で自分はどのよう
な位置にいると感じ、親や養育者の関心や承認を得るためにどのよ
うな行動をしてきたのかを思い出し、語ってもらうのである。

　（事例）
　（1）自分はAC（アダルトチルドレン）である、という認識の青年は、
筆者がホワイトボードにジェノグラム（家系図と家族の相関図）を
書きながら家族布置を聴いている中で、3人きょうだいの第2子で
中間子でもあるという立場で育ち、親に対して反抗的だったり、し
きりに問題行動を起こす上下のきょうだいに囲まれながら、常に周
りを見ながら争いが起きないように気を配っていたことを話した。
出来上がったジェノグラムを見て、「この通りです。ここにこれまで
があります」と感想を述べてくれた。そこからクライエントとセラ
ピストは、家族の中で自分が作った対人関係のパターンが、今の対
人関係にどのように現れているかを話し合った。
　（2）多量の仕事がうまく処理できず心理的に疲弊していた自閉
スペクトラム症の青年から次のような早期回想が出された（深沢,

2014)。

「（小学校低学年の時）一度面と向かって注意されて叱られました、母に。僕が座っていて、部屋の椅子に座らされていたんですけど、母は立ってたのか座ってたのかわからないけど、僕に向かって『とにかく、あの子たちと外に遊びに行きなさい』と繰り返し言われました」

「（小学4年生時）野球の試合をしているつもりが、一人遊びをしていました。公園の葉っぱを集めたりとか、石を集めたりとかしていました。石を上下に落として、その様子を楽しんだりしていました」

前者は、クラスメートと遊ばずに、いつも一人で過ごしていたクライエントにイライラした母親がクライエントを叱責した思い出である。後者は、同世代の中で遊んでいても、つい自分一人の感覚遊びに没頭してしまったという思い出である。クライエントはこの他にも同様のパターンの思い出をいくつも話してくれた。セラピストとの対話の中で、それらの早期回想の意味が探られた。

その結果、「自分はつい一人になって好きなことに没頭する。そのために大事なことを忘れたり、他人と違うことをして失敗してしまう」という自己像と「多くの人（特に自分より立場が上の上長者）は自分をわかってくれず、感情的になる。でも自分を導いてくれる人もいる」といった世界像を持っていることが同意された。「自分を導いてくれる」というのは、他の早期回想の中で、年長者に付き添われてスキーを楽しむ思い出を語ったことなどから結論づけたものである。クライエントは改めて自分の自閉スペクトラム症の特性に気づくことができた。セラピストは、生来の器質性の部分が大きいとはいえ、それでもクライエントは常に人の中にいようと努めてきたこと、自分の味方をしてくれそうな人とは良好な関係を作ろうと

第8章　青年期後期の人たちへのアドラー心理学的アプローチ

してきたことを指摘し、障害特性とどう付き合っていくかは自分で考えていけることを勇気づけた。カウンセリングはより具体的な行動目標を作ることに向かっていった。

2.　自分の目指すもの、自分らしい生き方を探る

　青年期後期の主なカウンセリングのテーマは、まだまだ浅い職場経験に関することが多い。就職したものの抑うつ状態、うつ病になって休職してしまい、復職を目指して相談室に来る人もいれば、既に辞めてしまってこれからの方向性に迷っている人もいる。中年期後半に突入中の我が身には未来のある若者がうらやましく、何でも好きなことをすればいいのに、と思うが、当の本人はまるで未来が塞がれてしまったかのように行き詰まりを感じていたりする。

　そのような時、自分にはどのような特性があって、何を目指しているのかがわかれば進むべき方向性が見えてくるかもしれない。そうすればそれに沿って、具体的に職業やキャリアを考えていけるようになるかもしれない。往々にして仕事における不適応は、自分の特性や本来目指しているものと、その仕事とのマッチングが悪いために生じていることがあるように思われるからである。

　そのような時、やはりアドラー心理学のライフスタイル・アセスメントは非常に役に立つ。実際、キャリア・カウンセリングの分野で最近この手法が応用され、注目されているそうである。「ライフデザイン・カウンセリング」といい、その方法を「キャリア・スタイル・インタビュー」という（サビカス，2015, Savikas, 2009）。

　これはアドラー心理学をベースに開発された一連のインタビュー法で、クライエントの趣味、嗜好（好きなドラマや書籍、影響を受けた名言等）を尋ね、子ども時代の思い出（早期回想）を聴き取り、クライエントの自己理想となるものを推定し、その人がどのような

職業人生を送りたいか、どのような領域の仕事に適応性があるかを探るものである。

　本法を開発したサビカスによると、いわゆる職業相談、進路相談のような現場で今まで使われてきたのは、「職業ガイダンス」と「キャリア教育」というアプローチであった。職業ガイダンスは、心理学的な検査などで客観化されたパーソナリティーと職業とのマッチングを探るものである。性格検査や職業興味検査、作業検査等を通して、「適職」を見出すやり方であろう。キャリア教育とは、「発達課題という予測される軌跡を拠り所にして、成熟した態度や能力を個々人の中に育て、階層組織の内側でキャリアを展開していく準備をさせる」ことを目指すものである。その人が属する環境や組織の中で、能力や技能を高めて適応力を増すことを目指すものといえよう。

　サビカスは現代社会、ポストモダンの時代にはそれだけでは十分ではないと、「ライフデザイン」という発想を提唱している。それは、クライエントが自伝的ストーリーを語りながら、自分にとっての人生の意味と目的を探っていき、自分の職業人生をデザインすることをカウンセラーが援助するものである。根底にあるのはアドラー心理学とともに社会構成主義、ナラティブ・アプローチとされる。その自伝的ストーリーが、アドラー心理学でいう早期回想である。

　筆者はこれからの生き方に悩むクライエントのカウンセリングで、本来その人が望む生き方はどの方向性かを探る時に、ライフスタイル・アセスメントの質問技法が役に立つことに気づき、サビカスの方法論を知る前から自分なりに試してきた。アメリカのアドレリアンも同様の発想で実践していることを知って、心強い思いがしたものである。

第8章　青年期後期の人たちへのアドラー心理学的アプローチ

（事例）

　先の自閉スペクトラム症の青年は、ライフスタイル・アセスメントで、自己理想においては、「本当は一人で好きなことをしていたい。でも人に合わせなくてはいけない」という認知（スキーマ）があることが明らかになった。人に合わせられない自分は間違っていると思いこんでいたクライエントは、障害特性のゆえにどうしても人間関係で失敗してしまい、自尊心がかなり下がっていた。ライフスタイル・アセスメント以降の面接では、自分はやっぱり一人でいることが好きで、一人で好きなことに没頭するとエネルギーが高まってくるということを受け入れることを勇気づけた。クライエントは今の仕事は苦手な業務が多いが、辞めることは考えていなかった。そこから、仕事の後のプライベートの時間や休日の過ごし方を話し合った。その結果、毎日ジョギングをすること、月に一回一人旅に出ることになった。課題を実行しているうちに自信がついてきたのか、クライエントは会社のサークルに入ったり、パートナー探しに結婚相談所に登録するなど、対人関係にも積極的になった。カウンセリングでは、そのような場でのふるまい方をソーシャル・スキル・トレーニングのテーマにして話し合った。クライエントからは、最初はデートの失敗話が多かったが次第にうまくいったエピソードも増え、異性と交際することの楽しさまで話すようになってセラピストは驚いた。カウンセリングの雰囲気はより明るくなった。

3.　家族との関係性について考える、調整する

　青年期後期においても、自身の出身家族との関係性は重要なカウンセリング・テーマになることがある。多くはいわゆる親離れ、子離れの話である。

　クライエントが親か子どもかにもよるが、基本的なアプローチは

やはり、「課題の分離」であろう。『嫌われる勇気』（岸見・古賀，2013）によって、一般に広く知られるようになった考え方である。今や勇気づけ、目的論と並んで、アドラー心理学のキーワードになった感がある。

これはある問題を巡って、「それは誰の課題なのか」「誰が最終的に責任を負うべきことなのか」などと当人に問いかけ、先ずは「自分の課題」に向かうことを専念し、「他者の課題」に不当に介入しない、されないことを目指すことである。

ある理科系の大学で教員をしている筆者の知人は、「課題の分離は教員同士で学生へのかかわり方を話し合うときに役に立っている」と筆者に伝えてくれている。情緒やら義理人情でウェットになりやすい日本人の人間関係には、この考え方がスッキリと明快に切り分けてくれるように感じられるのかもしれない。日本のアドラー心理学の実践者には好みの発想である。

しかし青年期後期ともなると、この実践は容易ではない。既に長年の親子関係で固定され、複雑に絡み合った状態でいるからだ。臨床では、そこは丁寧に、しかし時には明快に進めてクライエントの自覚を促すことがある。

（事例）

若い夫婦がある事情でカップルカウンセリングを求めてきた。お互いの出身家族のジェノグラムを作るワークを行ったところ、それぞれの家族布置から、「家族価値」と「家族の雰囲気」の違いが浮き彫りになった。「家族価値」とは、両親、養育者が共有したり話題にしていた価値観であり、「家族の雰囲気」とは、家族成員が作り出す風土や意思決定の手続きといわれる（鈴木・八巻・深沢，2015）。夫の家族には明らかに発達障害的傾向を持つ人が多く、自身のこだわ

第8章　青年期後期の人たちへのアドラー心理学的アプローチ

りや好みを中心に生きていた様子であった。あいまいさを嫌い、何
事も白黒つけたがる人たちのようだった。そのため親子間でも口論
や葛藤は絶えなかった。妻の家庭は両親が不和で、「人並、普通でい
ること」をよしとする家族価値があり、彼女はそれを素直すぎるほ
ど受け入れていた。そのため妻は夫に思うことはほとんど言えずに
いたという。まずは冷静にお互いのライフスタイルを理解したとこ
ろで、結婚生活にお互いが何を期待したか、自分の課題は何か、こ
れからどうするかを話し合うことに進んだ。

4.　新しい考え方や生き方を提案する

　昨今の心理臨床界隈では、心理教育が盛んである。精神障害者、
発達障害児・者向けのソーシャル・スキル・トレーニングや、虐待
やDVの加害者向けのペアレント・トレーニングやアンガーマネジ
メントなど対象に応じて数多く開発されている。

　アドラー心理学は、何が精神的な健康のために必要か、人はどう
生きると幸せになるか、といったことに明確な価値観を持っている。
共同体感覚とか勇気づけの発想である。一般に学問は中立であるこ
とをモットーとし、価値観を持たないことをよしとしている。臨床
心理学でも、客観性、中立性、科学性がお題目のように唱えられて
きた。もちろん、研究においては重要な態度である。

　しかし現場では無理である。

　人と人がコミュニケーションをしている場で、しかも社会という
複雑多様な思想や価値観が渦巻く場に相手が適応できるように、より
良く生きていけるように援助する際に、こちらの価値観が無縁で
あるはずがない。必ずセラピストはある方向へ向かって動いていて、
クライエントを誘導しているところがあるはずだ。

　その時、「クライエントが答えを知っている」「無意識は賢い」「ク

175

ライエントの心に寄り添っていけば、いずれ道が開ける」といった
よくある言説に従うのも、確かに間違っていない。人間同士対等の
関係を目指して、相手を支配することを極端に嫌うのもアドラー心
理学の特徴であるから、まずはクライエント中心である。しかしそ
れは、セラピストは自らの思想や価値観に無自覚でもいい、という
ことではない、と筆者は考える。

　それにいくら無意識が知っているといっても、学んでいないこと
はいつまで待っても出てこないであろう。知らないことは学ぶしか
ない。アドラー派のセラピストは、「この人にはこんな生き方や考え
方をしてほしい」と思ったら、クライエントに提案して、できれば
学んでいただくことを勧める場合がある。もしかしたら余計なお節
介かもしれないが、必要と思ったらそれをためらわない。もちろん、
現代の社会常識と根本的に相容れないものならば、それは不適切な
行為であり、宗教の勧誘と変わらないものとなってしまう。しかし、
アドラー心理学の中身を吟味すれば、その心配はないとわかってい
ただけるであろう。一見過激に見えるその考え方も、極めてまっと
うな常識のようなものだし、それでいてポジティブ心理学や認知行
動療法など最先端の心理学の動向に沿ったものでもあり、それどこ
ろか、それらの先陣を切ってきたものであることが理解されるから
である。

　臨床においてセラピストは、自らの価値観や思想（必ずしも学問
的なものではない）に十分気づいているべきことを示唆したい。そ
の方が無自覚にクライエントを操作してしまうより、よいように思
える。八巻は、クライエントがよりよい方向に変化するためにセラ
ピストが臨床活動で取り入れる価値観、思想を「臨床思想」（鈴木・
八巻・深沢, 2015）と呼んでいる。「アドラー臨床心理学」はアドラー
の思想を背景にした理論、技法である。

176

第8章　青年期後期の人たちへのアドラー心理学的アプローチ

そこでアドラー心理学の提案の仕方だが、クライエントの年代、仕事、関心、課題に応じて中身を選択することになる。おそらく最もよく使われるのは、アドラー心理学に基づいてできたペアレント・トレーニングだろう。アメリカにおいて開発されて輸入されたプログラムや、それに触発されて日本のアドレリアンたちが開発したものがあり、熱心な支持者によって広がっている。そこには子どもが不登校になったりして、子育てに迷ってアドラー心理学にたどり着いた親（多くは母親）がいる。

筆者の地元にも SMILE というプログラムの指導者（リーダー）が数人いて、さまざまな時期に開催しているので、タイミングが合えばクライエントに紹介することがある。紹介するのは不登校児や発達障害児を育てている保護者が多い。専門機関で開かれている心理教育プログラムの指導者は臨床心理士や看護師といった専門職がほとんどだろうが、アドラー心理学の場合は一般の人がリーダーになっていることが多い。したがって、こういったペアレント・トレーニングのグループは、ピアカウンセリングの機能もあり、クライエントは1対1のカウンセリングではなかなか得られない体験をすることができるのがメリットである。母親の中には、いわゆるママ友のグループに入るのは苦手な人がいるが、このような構造化されたグループなら入りやすい場合がある。しかしこういったグループにも難しい人もいるので、その場合はもちろん個別のカウンセリングを優先する。

留意すべきは、このプログラムはアドラー心理学に基づいた子育て法を伝えるものであり、障害や問題の改善を目的にしたものではないこと、リーダーは必ずしも、クライエントの問題に関する臨床心理学や精神医学の知識が十分ではないことがあり得ることであり、どのような人を紹介するかには配慮を要する場合がある。それ

177

でも非常に頼りになる連携先であり、筆者は日頃大変助かっている。しかし、これらのアドラー式ペアレント・トレーニングは勇気づけや課題の分離などをテーマにしているので普通の人間関係にも応用が利くものの、やはり子育てがテーマなので、独身者などにフィットしないこともある。そのような青年期後期の人やビジネス・パーソンには、アドラー心理学に基づいた書籍や講座の紹介をすることがある。

実践範囲が極めて広いアドラー心理学は、幸いここ数年で関連書籍の数が飛躍的に増えた。セラピストはその中から、目的に沿って適宜選択して紹介すればよい。

筆者が「処方」する中でもまず一番に挙げたいのは、やはり『嫌われる勇気』（岸見・古賀，2013）であろう。まさに劇薬というにふさわしい効果を同書は与えることがある。「すごく面白かった」「自分のことを言われている気がした」「自分の問題がここにあった」といった感想をクライエントからよくいただく。人からどう思われているか、人の評価が気になる青年期の人に対しての、「あなたは人の期待を満たすために生きているのではない」という明確なメッセージが心を打つのだろう。本書の青い表紙と、登場人物の青年と哲学者の問答は、今はめったに見られない若者と年長者が誠実に向かい合う姿をまさに「青臭く」描いたものであり、実は多くの青年が時代を問わず求めている姿なのかもしれない。

そのような劇薬に対して知人の精神科医は、「ボーダーライン・パーソナリティーの患者全員に渡して読ませたい」と言ってくれた。実際にやったか知らないが。

しかし中には同書は「難しくてよくわからない」という人もいる。たとえ大ベストセラーといえども、すべての人に理解しやすいわけではないみたいである。そのクライエントは、拙監修著（深沢，

2014）の方が、お世辞かもしれないが理解しやすくてよかったと言ってくれた。見開き2ページで、人生の悩みをQ＆A式に大きなイラスト付きで回答している本である。この他にもコミックによるもの（岩井，2014a；鈴木，2014；向後，2014；八巻，2015）などが多くある。わかりやすさを優先したい場合にはお勧めである。

また職場の人間関係に関する場合は岩井（2014b）や小倉（2017）など、子育てでは岸見（2015）など数多くあり、参考にできるだろう。しかし本は読んでも、「言っていることはわかるのですが、実践するのは難しいです」と言われることが多いのをこちらは承知しておくべきである。当然である。筆者にもたくさんの読んだだけで実践していない実用書や自己啓発書がある。そういう感想は妥当であることをカウンセラーはクライエントに承認したうえで、面接で内容について話題にしていけばよい。あるいは「少し合わなかったかもしれないですね。また探してみますね」とそのままにしておいてもよい。アドラー心理学の概念や考え方は、最初は違和感があっても、一度知ってしまった以上気になる存在になることがある。クライエントの心に種をまき、その中のどれかがいつか芽吹くことを待つ。まさに無意識を信頼する。実際、カウンセリングが終了した後に、アドラー心理学に基づくクラス会議の研修会に参加した教師（深沢，2016）など、勇気づけや目的論を意識して仕事や暮らしの中に取り入れることを始める人は少なくない。

筆者はアドラー心理学を布教する気はないが、心理教育の一環として、臨床場面で紹介、説明することは適切であると考えている。

最後に

以上、筆者の臨床実践に基づく青年期後期の支援のポイントを述

べた。

　青年期後期は社会と直接交わる中で、よいことばかりではなく失敗や挫折も少なからず経験する。まさに劣等感にさいなまれる時代である。

　岸見（2016）はアドラーの言葉を引きながら、人は公共に役立っているという感覚（貢献感）を得ることで自分に価値があると思え、劣等感が緩和し、対人関係の中に入っていく勇気が持てる、そして対人関係の中に入っていく勇気が持てれば、生きる喜びや幸福を得ることができることを論じている。筆者も全く同感であるが、青年期には、一度そのサイクルから外れるとかなり勇気をくじかれてしまう人が多い。アドラー心理学による心理的援助は、目標を見定めながら、自己を見つめ、対人関係を整理する作業なのでそのような青年期の人たちにも向いていると感じることが多い。

　その結果、若者が一人でも多く勇気を取り戻して、上記の良サイクルに入っていけるよう、アドラー心理学を学んだ者として、臨床現場で試行錯誤を続けていきたい。

【文献】

榎本博明（2012）よくわかる青年心理学．ミネルヴァ書房．pp.5-7.

深沢孝之（2014）アドラー心理学の早期回想の解釈法によりクライエントの「望み」をアセスメントした事例．ブリーフサイコセラピー研究．Vol. No.2．pp.81-91.

深沢孝之監修（2014）ブレない自分のつくり方．PHP研究所．

深沢孝之「教師のメンタルヘルスのためのアドラー心理学」『子どものこころと学校臨床第14号』遠見書房，2016, pp.34-41.

岩井俊憲a（2014）マンガでやさしくわかるアドラー心理学．日本能率

第8章　青年期後期の人たちへのアドラー心理学的アプローチ

協会マネジメントセンター

岩井俊憲 b （2014）人間関係が楽になるアドラーの教え．大和書房．

岸見一郎 （2015）叱らない子育て．Gakken.

岸見一郎(2016)アドラーに学ぶ　よく生きるために働くということ．
　　ベスト新書．pp.27-29.

岸見一郎・古賀史健 （2013）嫌われる勇気．ダイヤモンド社．

向後千春 （2014）コミックでわかるアドラー心理学．KADOKAWA.

マーク・L・サビカス （2016）ライフデザイン・カウンセリング・マニュ
　　アル．日本キャリア開発研究センター監修．水野修次郎監訳・著．加藤
　　聡恵訳．遠見書房．pp.79-82.

Mark. L. Savickas （2009）*Career Style Counseling,* Thomas. J. Sweeny,
　　Adlerian Counseling and Psychotherapy 5th ed. Routledge. pp. 183-207.

大野久編著 （2010）エピソードでつかむ青年心理学．ミネルヴァ書房．
　　p.4, 117.

小倉広 （2017）もしアドラーが上司だったら．プレジデント社．

鈴木義也 (2014)まんがで身につくアドラー 明日を変える心理学．あさ出版．

鈴木義也・八巻秀・深沢孝之 （2015）アドラー臨床心理学入門．アルテ．
　　pp.94-96, 107-109, 121-134, 175-78.

八巻秀 （2015）アドラー心理学──人生を変える思考スイッチの切り替
　　え方．ナツメ社．

おわりに

　次の時代を担う若者を育てること、彼らにアドラー心理学でいう共同体感覚のある人になってもらうことは社会の最重要課題のはずである。しかしながら我が国は、ここ数 10 年、本当にその課題に向き合ってきたのか、少しでも彼らにとって希望のある良い状況を用意してきたのかについては、はなはだ疑問を持つ人が多いであろう。

　たとえアドラー心理学であってもその状況を一変させるほどの力はなく、地道に目の前の人にかかわっていく以外にない。しかしそのような場でこそ、アドラー心理学は存在意義を持つ。一人一人のユニークさに注目し、相手に最大限の信頼を示し、友好的な関係をつくり、かつ詳細なアセスメントから、その人独自の具体的な方向性を導き出す力を持っているからである。まさにアドラー心理学の本名（？）である「個人心理学 Individual Psychology」である所以である。

　現在さまざまな現場でアドラー心理学が実践されており、取り分け本書にあるように、思春期から始まる青年期の人たちに向かい合うときに、アドラー心理学は力強いサポートになってくれていると筆者は感じている。

　とはいっても私たちもまだまだ未熟な身であり、気合を入れて現場に乗り込んでも力及ばず、ということもある。本書で示した実践の内容にも、問題点や不足があるであろう。本書では扱われていない重要な問題や障害、病理等も多い。さらにいうと、現在の日本のアドラー心理学界隈にも多くの課題がある。筆者としては、心理職に限らず臨床や対人援助に携わっている人たちに、もっとアドラー心理学の活動に参加していただきたいと願っている。

学ぶことは基本的には個人の課題だが、仲間がいることで知識が増し、人間関係や視野が広がり、さらに学び続けることへの意欲が高まる。私たちも機会を見つけていろいろな場で学んでいるが、本書の執筆者は次のところによく集まっている。本書により、アドラー心理学を用いた支援にさらに関心を持っていただけたら、是非足をお運びいただきたい。

日本臨床・教育アドラー心理学研究会
https://adlerian.jimdo.com/

IP 心理教育研究所
https://ja-jp.facebook.com/adler.ip/

　最後に、長年にわたりアドラー心理学をご指導くださった岩井俊憲先生や星一郎先生、箕口雅博先生をはじめ先達のアドレリアンの方々、アドラーブームの渦中とはいえ、難しいテーマの本書の完成に力を尽くしてくれたアルテの市村敏明社長に感謝したい。
　本書がこの厳しい時代に生きる若者たちと、その成長を支える人たちへの勇気づけのメッセージになることを願っている。

2017 年 9 月

深沢　孝之

執筆者紹介（執筆順）

八巻　秀（やまき　しゅう）
　1963 年、岩手県生まれ。東京理科大学理学部卒業、駒澤大学大学院人文科学研究科心理学専攻修了。臨床心理士、指導催眠士。現在、駒澤大学文学部心理学科教授、やまき心理臨床オフィス代表。著書に『アドラー心理学──人生を変える思考スイッチの切り替え方』（ナツメ社）、共著に『ナラティヴ、あるいはコラボレイティヴな臨床実践を目指す心理士のために』（遠見書房）など。

橋口　誠志郎（はしぐち　せいしろう）
　1973 年、熊本県人吉市生まれ。中央大学英米文学専攻卒業後、桜美林大学大学院臨床心理学専修終了。臨床心理士。現在は神奈川県スクールカウンセラー。東京大学大学院基礎教育学コース在学中。分担執筆に『アドラー心理学によるスクールカウンセリング入門』（アルテ）。

夏見　欣子（なつみ　よしこ）
　1972 年、和歌山県生まれ、大阪千代田短期大学幼児教育科卒業。保育士として保育園勤務。現在、和歌山県教育庁学校教育局 義務教育課 児童生徒支援室 教育相談員。和歌山県スクールカウンセラー。分担執筆に『アドラー心理学によるスクールカウンセリング入門』（アルテ）

浅井　健史（あさい　たけし）
　1969 年、大阪府生まれ。専修大学大学院文学研究科心理学専攻博士後期課程単位取得退学。臨床心理士。現在、明治大学文学部兼任講師、東京都市大学・国際交流基金日本語国際センター カウンセラー。共著に『運動表現療法の実際』（星和書店）『新臨床心理学』（八千代出版）『ありがとう療法・総合編』（愛育社）『コミュニティ・アプローチの実践』（遠見書房）。

橋本　江利子（はしもと　えりこ）
　1963 年、千葉県生まれ。日本大学文理学部心理学科卒業。アドラーカウンセラー。現在、学校法人三幸学園スクールカウンセラー・心理学講師、千村クリニックカウンセラー、東京カフェカウンセリングカウンセラー。分担執筆に『アドラー臨床心理学入門──カウンセリング編』（アルテ）。

石山　育朗（いしやま　いくお）
　1960 年、東京都生まれ。横浜国立大学大学院修了（教育学修士）。現在、國學院大学栃木短期大学人間教育学科教授、駿河台大学スポーツ教育センター非常勤講師。日本体力医学会、日本咀嚼学会の評議員。健康科学アドバイザー（日本体力医学会）、アドラー・カウンセラー（日本アドラー・カウンセラー協会）。共著に『健康とからだの教養』（学術図書出版）、分担翻訳に『運動処方の指針 原著第 6 版』（南江堂）など。

鈴木　義也（すずき　よしや）

　東洋学園大学人間科学部教授。臨床心理士、学校心理士、ガイダンスカウンセラー、支援助言士。訳書に『はじめてのアドラー心理学』（一光社）、著書に『まんがで身につくアドラー』（あさ出版）、共著に『アドラー臨床心理学入門』（アルテ）。

◆編著者

深沢 孝之（ふかさわ　たかゆき）

　1965 年、山梨県生まれ。早稲田大学第一文学部心理学専修卒。人間総合科学大学大学院心身健康科学科修了。臨床心理士、臨床発達心理士、シニア・アドラーカウンセラー。心理臨床オフィス・ルーエ代表、山梨県スクールカウンセラー等。地域活動として、日本支援助言士協会顧問、山梨県臨床心理士会副会長、全日本柔拳連盟甲府支部長（気功法、中国武術の指導）。監修に『「ブレない自分」のつくり方』（PHP 研究所）、共著に『アドラー臨床心理学入門』（アルテ）、『臨床アドラー心理学のすすめ』（遠見書房）、編著に『アドラー心理学によるスクールカウンセリング入門』（アルテ）。

思春期・青年期支援のためのアドラー心理学入門
──どうすれば若者に勇気を与えられるのか

2017 年 11 月 25 日　第 1 刷発行

編 著 者	深沢　孝之
発 行 者	市村　敏明
発　　行	株式会社　アルテ

　　　　　〒 170-0013　東京都豊島区東池袋 2-62-8
　　　　　BIG オフィスプラザ池袋 11F
　　　　　TEL.03（6868）6812　FAX.03（6730）1379
　　　　　http://www.arte-pub.com

発　　売	株式会社　星雲社

　　　　　〒 112-0005　東京都文京区水道 1-3-30
　　　　　TEL.03（3868）3275　FAX.03（3868）6588

装　　丁	Malpu Design（清水良洋＋宮崎萌美）
印刷製本	シナノ書籍印刷株式会社

©Takayuki Fukasawa 2017, Printed in Japan　　　　　　　　　ISBN978-4-434-23963-2 C0011